Libro interactivo del estudiante

miVisión
LECTURA

Copyright © 2020 by Savvas Learning Company LLC. All Rights Reserved. Printed in the United States of America.

This publication is protected by copyright, and permission should be obtained from the publisher prior to any prohibited reproduction, storage in a retrieval system, or transmission in any form or by any means, electronic, mechanical, photocopying, recording, or otherwise. For information regarding permissions, request forms, and the appropriate contacts within the Savvas Learning Company Rights Management group, please send your query to the address below.

Savvas Learning Company LLC, 15 East Midland Avenue, Paramus, NJ 07652

Cover: Richard Peterson/Shutterstock; Angelo Gilardelli/Shutterstock; Daniel Prudek/Shutterstock; Nick Biebach/123RF; Anatoly Tiplyashin/Shutterstock; Karina Bakalyan/Shutterstock; Eric Isselee/Shutterstock; La Gorda/Shutterstock; Cienpies Design/Shutterstock; Carolina K. Smith MD/Shutterstock; Alex Mit/Shutterstock; Aphelleon/Shutterstock; Maks Narodenko/Shutterstock

Attributions of third party content appear on pages 228–229, which constitute an extension of this copyright page.

Savvas™ and **Savvas Learning Company™** are the exclusive trademarks of Savvas Learning Company LLC in the U.S. and other countries.

Savvas Learning Company publishes through its famous imprints **Prentice Hall®** and **Scott Foresman®** which are exclusive registered trademarks owned by Savvas Learning Company LLC in the U.S. and/or other countries.

Savvas Realize™ is the exclusive trademark of Savvas Learning Company LLC in the U.S. and/or other countries.

Unless otherwise indicated herein, any third party trademarks that may appear in this work are the property of their respective owners, and any references to third party trademarks, logos, or other trade dress are for demonstrative or descriptive purposes only. Such references are not intended to imply any sponsorship, endorsement, authorization, or promotion of Savvas Learning Company products by the owners of such marks, or any relationship between the owner and Savvas Learning Company LLC or its authors, licensees, or distributors.

ISBN-13: 978-0-134-90792-5
ISBN-10:   0-134-90792-2

AUTORES DEL PROGRAMA

María G. Arreguín-Anderson, Ed.D.

Richard Gómez Jr., Ph.D.

UNIDAD 1

CONTENIDO

De viaje

SEMANA 1

TALLER DE LECTURA
Infografía: Usar tu imaginación
DESTREZAS FUNDAMENTALES La vocal Aa • La vocal Ee ... 16

Género | Ficción realista

 *¡Misión cumplida!* .... Ficción realista ... 31
por Ebony Joy Wilkins

Comprensión de la lectura • Identificar y describir a los personajes

PUENTE ENTRE LECTURA Y ESCRITURA ... 45

Vocabulario académico • Preortografía: Clasificar conceptos • Leer como un escritor, escribir para un lector • Lenguaje y normas: Los sustantivos en singular

TALLER DE ESCRITURA ... 49

Presentar el taller de escritura

SEMANA 2

Género | Ficción realista

TALLER DE LECTURA
Poema: "Yo tengo una casita"
DESTREZAS FUNDAMENTALES La vocal Oo • La vocal Ii ... 54

 *Demasiados lugares para esconderse* .... Ficción realista ... 69
por Antonio Sacre

Comprensión de la lectura • Describir el argumento

PUENTE ENTRE LECTURA Y ESCRITURA ... 83

Vocabulario académico • Preortografía: Clasificar conceptos • Leer como un escritor, escribir para un lector • Lenguaje y normas: Los sustantivos en singular

TALLER DE ESCRITURA ... 87

Presentar el taller de escritura

SEMANA 3

TALLER DE LECTURA Género: Texto informativo
Infografía: Parques nacionales
DESTREZAS FUNDAMENTALES La vocal Uu • La consonante Mm 92

En la biblioteca .... Texto informativo 107
por Eric Braun

Comprensión de la lectura • Identificar la idea principal

PUENTE ENTRE LECTURA Y ESCRITURA 121

Vocabulario académico • Preortografía: Clasificar conceptos • Leer como un escritor, escribir para un lector • Lenguaje y normas: Los sustantivos en plural

TALLER DE ESCRITURA 125

Presentar el taller de escritura

SEMANA 4

TALLER DE LECTURA Género: Ficción realista
Infografía: Explorar los bosques
DESTREZAS FUNDAMENTALES La consonante Pp • La consonante Ll 130

¿Dónde está Trueno? .... Ficción realista 145
por Bonnie Lass

Comprensión de la lectura • Describir el ambiente

PUENTE ENTRE LECTURA Y ESCRITURA 159

Vocabulario académico • Preortografía: Clasificar conceptos • Leer como un escritor, escribir para un lector • Lenguaje y normas: Los sustantivos en plural

TALLER DE ESCRITURA 163

Presentar el taller de escritura

SEMANA 5

TALLER DE LECTURA
Mapa: ¿Qué hay en un vecindario?
DESTREZAS FUNDAMENTALES La consonante Ss • La consonante Nn — 168

Una visita a la tienda de arte .... Texto informativo — 183
por Jerry Craft

Comprensión de la lectura • Comentar el propósito del autor

Género: Texto informativo

PUENTE ENTRE LECTURA Y ESCRITURA — 197
Vocabulario académico • Preortografía: Clasificar conceptos • Leer como un escritor, escribir para un lector • Lenguaje y normas: Los sustantivos femeninos y masculinos

TALLER DE ESCRITURA — 201
Presentar el taller de escritura

SEMANA 6

Infografía: Comparar textos
DESTREZAS FUNDAMENTALES La consonante Dd • La consonante Tt — 206

PROYECTO DE INDAGACIÓN — 212
Indagar: ¡Vamos! • Colaborar y comentar: Texto persuasivo • Hacer una investigación: Preguntar a una bibliotecaria • Celebrar y reflexionar

REFLEXIONAR SOBRE LA UNIDAD — 219

UNIDAD 1

De viaje

Pregunta esencial

¿Qué hace que un lugar sea especial?

▶ **Mira**

"**Mi comunidad**" y ve qué puedes aprender sobre lugares especiales.

 INTERCAMBIAR *ideas*

¿Qué lugares hay en tu comunidad? Coméntalo con un compañero.

SAVVAS realize

Puedes hallar todas las lecciones EN LÍNEA.

- VIDEO
- AUDIO
- JUEGO
- ANOTAR
- LIBRO
- INVESTIGACIÓN

Enfoque en la ficción realista

Taller de lectura

Infografía: Usar tu imaginación
¡Misión cumplida!.. Ficción realista
por Ebony Joy Wilkins

Poema: "Yo tengo una casita"
Demasiados lugares para esconderse .... Ficción realista
por Antonio Sacre

Infografía: Parques nacionales
En la biblioteca.. Texto informativo
por Eric Braun

Infografía: Explorar los bosques
¿Dónde está Trueno? .... Ficción realista
por Bonnie Lass

Mapa: ¿Qué hay en un vecindario?
Una visita a la tienda de arte............................. Texto informativo
por Jerry Craft

Puente entre lectura y escritura

- Vocabulario académico • Preortografía
- Leer como un escritor, escribir para un lector • Lenguaje y normas

Taller de escritura

- Escritura independiente y conferencias • Conocer al autor • Cuándo comenzar un nuevo libro • Hacer y responder a sugerencias • Publicar y celebrar

Proyecto de indagación

- Indagar • Investigar • Colaborar

LECTURA INDEPENDIENTE

Lectura independiente

¡Puedes aprender a ser un buen lector!

1. Escoge un libro.
2. Sostenlo correctamente.
3. Comienza por la portada.
4. Pasa las páginas con cuidado.

Instrucciones Comente los pasos para leer con los estudiantes. Diga: Escojan un libro que parezca interesante. Denle un vistazo para que se aseguren de que no sea demasiado fácil ni demasiado difícil. Muestre un libro e indique cómo identificar la portada, la contraportada y la página del título. Luego, muestre cómo sostener el libro y pasar las páginas correctamente. Por último, muestre cómo leer de izquierda a derecha y de arriba a abajo, incluyendo la barrida de retorno.

Mi registro de lectura independiente

Fecha	Libro	Páginas leídas	Cuánto me gusta
			😊 😐 ☹
			😊 😐 ☹
			😊 😐 ☹
			😊 😐 ☹

Instrucciones Pida a los estudiantes que seleccionen un texto para leer independientemente. Pídales que identifiquen la portada, la contraportada y la página del título. Luego, pídales que lean el libro correctamente, sujetándolo correctamente y pasando las páginas cuidadosamente mientras leen de izquierda a derecha y de arriba a abajo. Finalmente, pida a los estudiantes que completen la tabla para hablar de su lectura independiente.

Leer juntos

INTRODUCCIÓN

Metas de la unidad

En esta unidad,

○ leerás textos de ficción.

△ dibujarás o escribirás un texto.

□ hablarás de qué hace que un lugar sea especial.

 Colorea.

Instrucciones Lea en voz alta las metas de la unidad a los estudiantes. Luego, pídales que identifiquen el lugar de la imagen y hablen de lo que hace que el lugar sea especial. Pida a los estudiantes que coloreen el dibujo.

Vocabulario académico

| mapa | mudarse | tierra | especial |

Un parque es un lugar **especial**.

Es divertido **mudarse** a un nuevo lugar.

Un **mapa** es una herramienta útil.

Me gusta plantar flores en la **tierra**.

INTERCAMBIAR *ideas* Conversa con un compañero sobre tus respuestas.

Instrucciones Lea en voz alta las palabras del vocabulario académico y las oraciones a los estudiantes. Pida a los estudiantes que coloreen los puños con los pulgares hacia arriba si están de acuerdo con el enunciado y los puños con los pulgares hacia abajo si no están de acuerdo. Luego, pídales que usen el vocabulario académico recién adquirido para hablar sobre sus respuestas con un compañero.

PRESENTACIÓN DE LA SEMANA: INFOGRAFÍA

Usar tu imaginación

Puedes usar tu imaginación cuando juegas.

Pregunta de la semana

¿Cómo hace la imaginación que un lugar parezca diferente?

SEMANA 1

Puedes escribir sobre los lugares que imaginas.

 INTERCAMBIAR ideas ¿Adónde vas con tu imaginación? Coméntalo con un compañero.

Instrucciones Lea el texto a los estudiantes. Luego, pídales que interactúen con las fuentes mientras miran las fotografías y el texto y hablan de cómo pueden usar su imaginación para ir a otros lugares.

CONCIENCIA FONOLÓGICA | FONÉTICA

Las sílabas con a

 **VER y DECIR** Encierra en un (círculo).

Instrucciones Pida a los estudiantes que demuestren conciencia fonológica encerrando en un círculo la imagen de cada par que comience con la sílaba *a*. Diga: Escuchen la primera sílaba de estas palabras: *azul*, *ave*. El sonido /a/ es la primera sílaba de estas palabras. Pida a los estudiantes que encierren en un círculo las imágenes de las palabras que comienzan con la sílaba *a*.

DESTREZAS FUNDAMENTALES

La vocal Aa

 Encierra en un círculo.

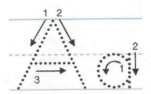   

Instrucciones Pida a los estudiantes que tracen las letras *Aa* e identifiquen el sonido de la vocal *a*. Demuestre cómo identificar y relacionar el sonido con la letra. Diga: La vocal *a* tiene el sonido de la primera sílaba de la palabra *ajo*. La palabra *ajo* comienza con la letra *a*. Luego, diga: Ahora ustedes van a emparejar el sonido de la primera sílaba de cada imagen con las letras *Aa*. En cada fila, encierren en un círculo la palabra que comienza con el sonido /a/.

17

FONÉTICA | CONCIENCIA FONOLÓGICA

La vocal Aa

 Escribe.

Aa

Instrucciones Pida a los estudiantes que nombren cada imagen e identifiquen la primera sílaba. Diga: Si la primera sílaba comienza con el sonido /a/, escriban Aa en las líneas.

DESTREZAS FUNDAMENTALES

Las sílabas con e

 **Mi TURNO** Encierra en un círculo.

Instrucciones Diga: Escuchen el sonido con el que comienza la primera sílaba de esta palabra: *escuela*. Ahora escuchen el mismo sonido en la palabra *pez*. La palabra *pez* tiene una sola sílaba: *pez*. Tanto la primera sílaba de *escuela*, *es*, como la única sílaba de *pez* tienen el sonido /e/. Pida a los estudiantes que nombren las imágenes y encierren en un círculo la imagen cuya primera sílaba contenga el sonido /e/ que se escucha en la palabra *pez*.

FONÉTICA | PALABRAS DE USO FRECUENTE

La vocal Ee

 Encierra en un círculo.

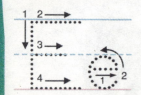   

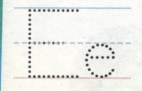   

Instrucciones Pida a los estudiantes que nombren cada imagen e identifiquen las palabras con sílabas que tienen el sonido /e/. Demuestre cómo identificar y relacionar el sonido con la letra. Diga: La vocal e tiene el sonido que escuchamos en la única sílaba de la palabra *té* o en las dos primeras sílabas de la palabra *espejo*. Luego, diga: En cada fila, tracen las letras *Ee* y encierren en un círculo las palabras que contengan sílabas con /e/.

DESTREZAS FUNDAMENTALES

Mis palabras

| la | el | es |

Mis oraciones para leer

El árbol es verde.

La casa es blanca.

Instrucciones Diga: *Hay algunas palabras que hay que recordar y practicar. Escuchen mientras leo estas palabras: la, el, es.* Pida a los estudiantes que lean las palabras de uso frecuente. Luego, diga: *Estas palabras se pueden identificar, o encontrar, en oraciones.* Pida a los estudiantes que miren las oraciones y subrayen las palabras de uso frecuente. Luego, pídales que lean las oraciones.

FONÉTICA

La vocal Ee

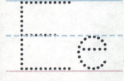 **Mi TURNO** Empareja.

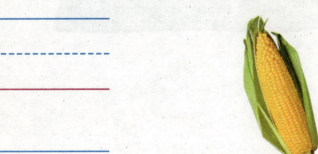

Instrucciones Diga: Recuerden que la letra *e* tiene el sonido que escuchamos al comienzo de *espátula* o en la mitad de *tren*. Pida a los estudiantes que escriban las letras *Ee* en las líneas e identifiquen las imágenes que contienen sílabas con el sonido /e/. Luego, pídales que emparejen las letras con las palabras que contienen la sílaba con el sonido /e/ dibujando líneas entre las letras y las imágenes.

CUENTO DE FONÉTICA

DESTREZAS FUNDAMENTALES

La rana

Resalta las palabras que tienen la vocal **a**.

La rana es verde.

La flor es blanca.

AUDIO
Para escuchar y resaltar
ANOTAR

CUENTO DE FONÉTICA

El pino es verde.

La nieve es blanca.

DESTREZAS FUNDAMENTALES

Subraya las palabras que tienen la vocal **e**.

El saco es verde.

La cometa es blanca.

FONÉTICA

Las vocales Aa, Ee

 Di.

 masa   **casa**   **ancla**

 té   **espejo**   **enfermo**

Instrucciones Recuerde a los estudiantes que en las palabras hay sílabas que contienen la vocal *a* y sílabas que contienen la vocal *e*. Pida a parejas de estudiantes que se turnen para señalar cada sílaba con *a* en la fila de arriba y cada sílaba con *e* en la fila de abajo, y que luego digan el sonido de la letra. Luego, pídales que usen la imagen para identificar cada palabra.

DESTREZAS FUNDAMENTALES

Las vocales Aa, Ee

 Encierra en un círculo y subraya.

Es verde.

Es la rana.

Es la nieve.

Es blanca.

Instrucciones Recuerde a los estudiantes que en las palabras hay sílabas que contienen la vocal *a* y sílabas que contienen la vocal *e*. Pídales que encierren en un círculo las palabras que tienen sílabas con *a* y subrayen las palabras que tienen sílabas con *e*.

GÉNERO: FICCIÓN REALISTA

 **Mi meta de aprendizaje** Puedo leer ficción realista.

ENFOQUE EN EL GÉNERO

Ficción realista

La **ficción realista** es un cuento que puede suceder en la vida real.

Personajes	**Mira a Tim y a Luz.**
Ambiente	**Van a la escuela.**
Argumento	**Leen. Colorean. ¡Juegan juntos!**

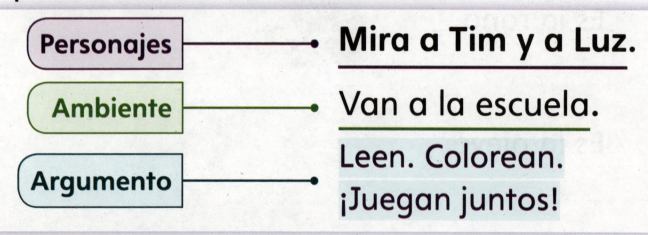

INTERCAMBIAR *ideas* Habla con un compañero sobre cómo sabes que este cuento es una ficción realista.

Instrucciones Diga: Los personajes son las personas o los animales de un cuento. El ambiente, o escenario, es dónde y cuándo sucede un cuento. El argumento son los sucesos, o acontecimientos, principales del cuento, o lo que sucede en el cuento. Pida a los estudiantes que identifiquen y describan a los personajes, el ambiente y el argumento del texto modelo. Luego, pídales que comenten cómo saben que es una ficción realista.

28

TALLER DE LECTURA

Cartel de referencia: Ficción realista

Personajes　　　Sucesos　　　Ambiente

1　　　2　　　3

VOCABULARIO

¡Misión cumplida!

Primer vistazo al vocabulario

cubo | círculo | cuadrado | triángulo

Leer

Lee el cuento para saber qué hacen los personajes.

Conoce a la autora

Ebony Joy Wilkins escribe libros para niños y escuelas. Fue maestra. Le gusta viajar, jugar al tenis y visitar a su familia.

Género Ficción realista

¡Misión cumplida!

escrito por Ebony Joy Wilkins
ilustrado por Kevin Zimmer

¡Rena, necesitamos más rocas!
¿Dónde podemos encontrar más?

LECTURA ATENTA

Subraya el nombre de la niña del cuento.

Ya sé dónde.
Podemos ir a Marte.

Abróchate el cinturón, Cristóbal.
Marte, ¡allá vamos!

LECTURA ATENTA

Subraya el nombre del niño del cuento.

Esta roca tiene forma de cubo.
Me la llevo.

Esta roca tiene forma de círculo.

Me la llevo.

Esta roca tiene forma de cuadrado.
Me la llevo.

Esta roca tiene forma de triángulo.
Pero no cabe.

LECTURA ATENTA

¿Qué palabra puedes usar para describir a Rena y Cristóbal? Resalta las palabras del cuento que te han hecho pensar esto.

Aquí sí cabe.
¡Misión cumplida!
Vamos a casa.

VOCABULARIO

Desarrollar el vocabulario

 Empareja.

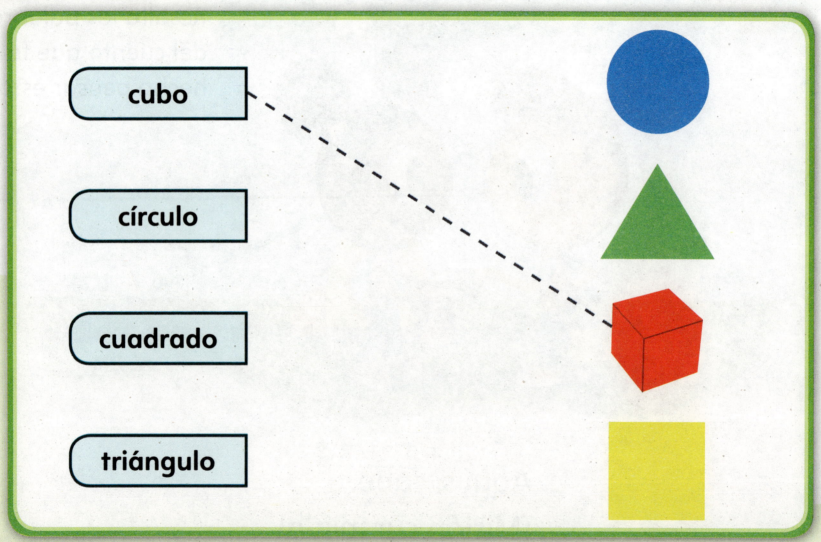

Instrucciones Lea las palabras del vocabulario a los estudiantes. Luego, pídales que usen las ilustraciones para aclarar el significado de las palabras dibujando una línea para emparejar cada palabra con su imagen.

COMPRENSIÓN  TALLER DE LECTURA

Verificar la comprensión

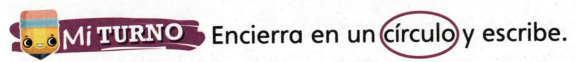 Encierra en un círculo y escribe.

1. ¿Dónde sucede el cuento?

   | parque | casa |

2. ¿Por qué hace la autora que los niños regresen a casa?

   _____

   _____

3. ¿Qué hacen los niños?

   _____

   _____

Instrucciones Lea en voz alta a los estudiantes la pregunta 1 y las opciones de respuestas. Pídales que encierren en un círculo la respuesta. Luego, lea las preguntas 2 y 3 y pida a los estudiantes que escriban sus respuestas.

LECTURA ATENTA

Identificar y describir a los personajes

Los personajes son las personas o los animales de un cuento.

Los cuentos tratan generalmente sobre los **personajes principales**.

Mi TURNO Escribe.

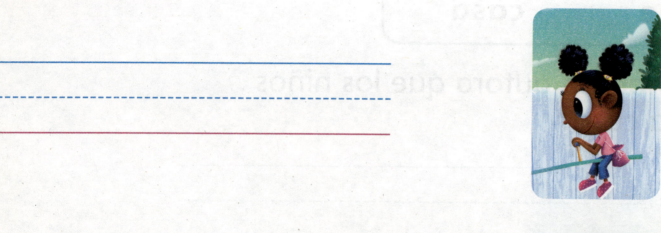

Instrucciones Lea la información a los estudiantes. Pídales que vuelvan al texto e identifiquen a los personajes principales. Luego, pida a los estudiantes que escriban los nombres de los personajes al lado de sus imágenes.

42

TALLER DE LECTURA

Usar la evidencia del texto

 Dibuja.

Instrucciones Diga: Para hablar de los personajes, se pueden usar los detalles, o la evidencia del cuento. Pida a los estudiantes que describan a los personajes principales haciendo un dibujo de ellos. Recuerde a los estudiantes que vuelvan al texto. Anímelos a buscar detalles acerca de los personajes para incluirlos en sus dibujos.

RESPONDER AL TEXTO

Reflexionar y comentar

 Dibuja.

Pregunta de la semana

¿Cómo hace la imaginación que un lugar parezca diferente?

Instrucciones Diga a los estudiantes que leyeron sobre personajes que recolectaban piedras. Pídales que piensen en otros personajes sobre los que hayan leído. Pida a los estudiantes que respondan haciendo un dibujo de Rena o Cristóbal y de un personaje de otro cuento.

VOCABULARIO  TALLER DE LECTURA Y ESCRITURA

Puedo usar palabras para hablar sobre los cuentos.

Mi meta de aprendizaje

Vocabulario académico

| mapa | mudarse | tierra | especial |

 Encierra en un (círculo) y empareja.

especialista

entierra

Instrucciones Recuerde a los estudiantes que se pueden añadir partes a las palabras, o afijos, para cambiar el significado de las palabras. Lea cada palabra y pida a los estudiantes que encierren en un círculo la parte de la palabra que fue añadida a las palabras *especial* y *tierra*. Luego, pida a los estudiantes que dibujen una línea para emparejar cada palabra con su imagen.

PREORTOGRAFÍA

Clasificar conceptos

 Encierra en un (círculo).

Instrucciones Pida a los estudiantes que nombren las imágenes y que encierren en un círculo las palabras ilustradas que son animales. Luego, pídales que usen las palabras para hablar de la categoría. Pregunte: ¿En qué se parecen las palabras ilustradas que están encerradas en un círculo?

TÉCNICA DEL AUTOR

PUENTE ENTRE LECTURA Y ESCRITURA

Leer como un escritor, escribir para un lector

 Escribe.

1. Busca dos palabras en el cuento que te ayuden a imaginar cómo son las rocas.

2. ¿Qué otra palabra puedes usar para decir cómo es una roca?

Instrucciones Diga: Los autores usan palabras para ayudar a los lectores a visualizar, o imaginarse, lo que está pasando. Lea la primera pregunta y pida a los estudiantes que vuelvan al cuento para buscar las palabras y escribirlas en las líneas. Comente sus respuestas. Luego, lea la segunda pregunta y anímelos a escribir la respuesta.

LENGUAJE Y NORMAS

Los sustantivos en singular

Un **sustantivo** puede nombrar a
una persona o a un animal.

niña   perro

INTERCAMBIAR *ideas*   Di otras palabras que sepas
que nombren a una persona o a un animal.

Mi TURNO Escribe.

| gato | niño |

_____

El _____ lee un libro.

Instrucciones Lea la información en la parte superior de la página y explique que un sustantivo en singular nombra uno. Pida a los estudiantes que hablen con un compañero sobre otros sustantivos para personas o animales. Luego, pídales que corrijan la oración escribiendo el sustantivo en singular correcto en las líneas. Explique que el sustantivo en singular debe concordar con un verbo en singular, en este caso *lee*.

PRESENTAR EL TALLER DE ESCRITURA  **TALLER DE ESCRITURA**

Puedo dibujar o escribir.

Mi meta de aprendizaje

Introducción al taller de escritura

Piensa en tu libro favorito.

¿Alguna vez has pensado en quién lo escribió?

Un **autor** es alguien que escribe un libro.

INTERCAMBIAR *ideas* Piensa como un autor. ¿Qué libro puedes escribir? Compártelo con un compañero.

¡Tú puedes ser un autor también!

Instrucciones Pida a los estudiantes que comenten en parejas sus ideas sobre los libros que pueden escribir. Recuérdeles que deben hablar con claridad al presentar las ideas a su compañero.

PRESENTAR EL TALLER DE ESCRITURA

Lo que hacen los buenos escritores

En el taller de escritura podrás aprender a ser un buen escritor.

 Empareja.

1. Aprenderé.

2. Escribiré.

3. Hablaré.

4. Comentaré.

Instrucciones Comente con los estudiantes cómo deben proceder en cada parte del Taller de escritura. Luego, pídales que dibujen líneas para emparejar cada parte del Taller de escritura con la acción que corresponde.

Escritura independiente y conferencias

¿Cómo escribirás por tu cuenta?

Piensa en ideas.   Elige una idea.   ¡Escribe sobre ella!

¿Cómo hablarás de tu escritura?

☐ Haciendo preguntas. ☐ Escuchando activamente.

☐ Comentando ideas. ☐ Manteniéndome dentro del tema.

INTERCAMBIAR ideas Comenta con un compañero qué debes hacer cuando escribes independientemente. Di qué debes hacer cuando hablas de tu escritura.

Instrucciones Comente con los estudiantes qué se espera que hagan durante la escritura independiente y las conferencias. Luego, pida a los estudiantes que hablen en parejas sobre qué se debe hacer durante la escritura independiente y las conferencias.

PRESENTACIÓN DE LA SEMANA: POEMA

"Yo tengo una casita"

Yo tengo una casita
que es así y así,
que por la chimenea sale el humo, así…

Pregunta de la semana

¿Qué es lo emocionante de mudarse a otro lugar?

que cuando quiero entrar

yo golpeo, así, así.

Me limpio los zapatos, así, así, así.

INTERCAMBIAR *ideas* Habla sobre el poema con un compañero. ¿Crees que sería emocionante mudarte a una casa como la del poema?

Instrucciones: Lea el poema a los estudiantes. Luego, pídales que miren las imágenes que representan las acciones del poema. Vuelva a leer el poema con toda la clase y pida a los estudiantes que hagan los gestos que se muestran en las imágenes mientras leen el poema.

CONCIENCIA FONOLÓGICA | FONÉTICA

Las sílabas con o

 Encierra en un círculo.

Instrucciones Diga: Escuchen la primera sílaba de estas palabras: *ola, oso*. La primera sílaba de estas palabras tiene el sonido /o/. Pida a los estudiantes que encierren en un círculo las imágenes de las palabras que comienzan con la sílaba o.

DESTREZAS FUNDAMENTALES

La vocal Oo

 Encierra en un círculo.

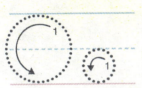

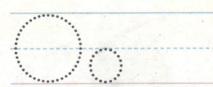

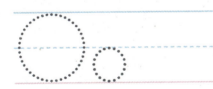

Instrucciones Recuerde a los estudiantes que la letra o tiene el sonido /o/. Diga: Señalen las letras *Oo* y díganme qué sonido tienen. Ahora nombren cada imagen y encierren en un círculo la que tenga sílabas con la letra o. Tracen las letras al lado de cada imagen con el sonido /o/.

FONÉTICA | CONCIENCIA FONOLÓGICA

La vocal Oo

 Lee.

coco

moto

yoyó

Instrucciones Pida a los estudiantes que tracen la letra o y digan su sonido en cada palabra. Luego, pídales que usen la foto para identificar cada palabra.

Las sílabas con i

 Subraya.

- - - - - - - - - - - - - - -   - - - - - - - - - - - - - - -

  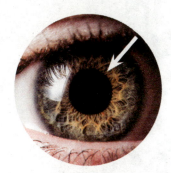 

Instrucciones Diga: La letra *i* tiene el sonido que se escucha en la primera sílaba de las palabras *iguana* e *imán*. ¿Qué otra imagen de la primera fila comienza con esa sílaba? Pida a los estudiantes que demuestren la aliteración oral subrayando las imágenes de cada fila cuya primera sílaba es igual a la que se escucha en *iguana* e *iglú*.

FONÉTICA | PALABRAS DE USO FRECUENTE

La vocal Ii

 Subraya.

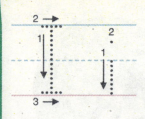

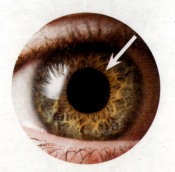

Instrucciones Recuerde a los estudiantes que la letra *i* tiene el sonido que se escucha en la primera sílaba de *izar*. **Diga:** Tracen las letras *Ii*. Señalen cada una y díganme qué sonido tienen. Ahora, subrayen la imagen cuya primera sílaba comienza con /i/.

DESTREZAS FUNDAMENTALES

Mis palabras

| a | va | niño |

Mis oraciones para leer

El niño va a la piscina.

El niño va a casa.

Instrucciones Diga: Hay algunas palabras que hay que recordar y practicar. Escuchen mientras leo estas palabras: *a, va, niño*. Pida a los estudiantes que lean las palabras de uso frecuente. Luego, diga: Estas palabras se pueden identificar, o encontrar, en oraciones. Pida a los estudiantes que miren las oraciones y subrayen las palabras de uso frecuente. Luego, pídales que lean las oraciones.

FONÉTICA

La vocal Ii

 Empareja y escribe.

niño

piscina

Instrucciones Recuerde a los estudiantes que el sonido vocálico que se escucha en la sílaba *ni* de *niño* o la sílaba *pis* de *piscina* se escribe con la letra *i*. Diga: Estas dos palabras tienen sílabas con el sonido /i/. Lea las dos palabras y señale la vocal *i* cada vez que la pronuncie. Luego, diga: Tracen una línea para emparejar cada palabra con su imagen. Cuando hayan terminado, pida a los estudiantes que escriban las letras *Ii* en las líneas.

CUENTO DE FONÉTICA

DESTREZAS FUNDAMENTALES

El niño va

Resalta las palabras que tienen la vocal o.

El niño va a la escuela.

El autobús es amarillo.

CUENTO DE FONÉTICA

El niño va a la piscina.

El traje de baño es rojo.

DESTREZAS FUNDAMENTALES

Subraya las palabras que tienen la vocal **i**.

El niño va a la cama.

El pijama es verde.

FONÉTICA

Las vocales Oo, Ii

 Di.

 Oo   **toro**   **loro**   **zorro**

 Ii   **tipi**   **iglú**   **niño**

Instrucciones Recuerde a los estudiantes qué sonidos tienen las sílabas que se escriben con las vocales *o* e *i*. Pida a parejas de estudiantes que se turnen para señalar cada sílaba con *o* o con *i* y luego decir el sonido de la letra. Luego, pídales que usen la imagen para identificar cada palabra.

Las vocales Oo, Ii

 Encierra en un círculo y subraya.

El niño va de rojo.

El niño va a la piscina.

Instrucciones Recuerde a los estudiantes qué sonidos tienen las sílabas que se escriben tanto con la vocal *o* como con la vocal *i*. Pídales que encierren en un círculo las palabras de la primera oración que tienen sílabas con *o* y subrayen las palabras de la segunda oración que tienen sílabas con *i*.

GÉNERO: FICCIÓN REALISTA

 **Mi meta de aprendizaje** Puedo leer ficción realista.

ENFOQUE EN EL GÉNERO

Ficción realista

El **argumento** es lo que pasa en un cuento.

Problema	Solución

 Con un compañero, habla sobre el problema y la solución. ¿Qué hizo la niña?

Instrucciones Lea la información y recuerde a los estudiantes que el cuento tiene sucesos principales, o sucesos que ocurren al principio, durante el desarrollo y al final. Diga: Un cuento tiene un problema, o algo tiene que ser arreglado, y una solución o cómo se soluciona el problema. Pida a los estudiantes que describan el problema y la solución que se muestra en las imágenes.

VOCABULARIO

Demasiados lugares para esconderse

Primer vistazo al vocabulario

| saca | ojea | gatea | desempaca |

Leer

¿Qué preguntas tienes acerca de este cuento?

Conoce al autor

Antonio Sacre escribe libros, cuenta relatos y lee todo el tiempo. Tiene un gato que se esconde en el cajón de los calcetines.

Instrucciones Diga: Pueden hacer preguntas sobre un cuento antes de leerlo. Hacer y responder preguntas antes, durante y después de la lectura de un cuento puede ser útil para comprender mejor el cuento y obtener información. Anime a los estudiantes a mirar la ilustración de la página del título y a generar preguntas sobre el cuento antes de leerlo.

Género Ficción realista

Demasiados lugares para esconderse

escrito por Antonio Sacre ■ ilustrado por Jaime Kim

AUDIO
Para escuchar y resaltar

ANOTAR

Nos acabamos de mudar de la ciudad.
Hay cajas por todas partes,
¡y Puf ha desaparecido!

LECTURA ATENTA

¿Cuál es el problema? Subraya las palabras que nombran el problema.

Papá dijo que la vio antes en la cocina.
¡Puf no está allí ahora!

¡En nuestra nueva casa hay muchos lugares para esconderse! ¿Cómo vamos a encontrar a Puf?

Mateo me ayuda a buscarla.
Gatea hasta el fondo del armario.
No hay rastro de Puf.

Mamá me ayuda a buscarla.
Ojea debajo del sofá.
No hay rastro de Puf.

LECTURA ATENTA

¿Qué preguntas puedes hacer sobre lo que sucede en estas páginas? Resalta las palabras que responden a las preguntas.

Mateo desempaca los tazones.
Papá saca la comida para gatos.
¡Tengo una idea!

Mateo me pasa un tazón.
Papá me ayuda a llenarlo con comida para gatos.

LECTURA ATENTA

¿Cómo encuentra el narrador a Puf? Subraya la solución.

¡Puf, ven!
¡Es la hora de la cena!
¡Aquí está Puf!

VOCABULARIO

Desarrollar el vocabulario

| saca | ojea | gatea | desempaca |

 Dibuja.

Instrucciones Lea las palabras del vocabulario a los estudiantes. Luego, pídales que elijan una palabra y hagan un dibujo para mostrar el significado de la palabra.

COMPRENSIÓN  TALLER DE LECTURA

Verificar la comprensión

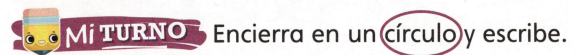 Encierra en un círculo y escribe.

1. Los sucesos, o acontecimientos, **pueden** | **no pueden** pasar en la realidad.

2. ¿Por qué piensas que el autor escribió este texto?
   _____
   _____
   _____

3. Puf aparece porque
   _____
   _____
   _____

Instrucciones Lea la pregunta 1 y las opciones de respuesta a los estudiantes. Pídales que encierren en un círculo la respuesta. Luego, lea las preguntas 2 y 3 y anime a los estudiantes a que escriban sus respuestas. Recuérdeles que deben usar evidencia del texto.

LECTURA ATENTA

Describir el argumento

 Dibuja.

| Problema | → | Solución |

Instrucciones Repase con los estudiantes los elementos del argumento tales como el ambiente, los sucesos importantes y el problema y la solución. Diga: Recuerden que un problema es algo de un cuento que necesita ser arreglado. Una solución es la manera en que se arregla el problema. Pida a los estudiantes que hagan dibujos para describir el problema y la solución del cuento. Recuérdeles que vuelvan a mirar el texto.

Hacer y responder preguntas

Puedes hacer preguntas para ayudarte a comprender un cuento o para obtener información.

Puedes usar detalles del cuento para responder a tus preguntas.

 Dibuja.

RESPONDER AL TEXTO

Reflexionar y comentar

INTERCAMBIAR ideas Habla con un compañero acerca del problema y la solución del cuento. ¿Cómo te recuerda este argumento a otros cuentos que has leído?

Puedes volver a contar sucesos del cuento.

Pregunta de la semana

¿Qué es lo emocionante de mudarse a otro lugar?

Instrucciones Diga a los estudiantes que han leído sobre personajes que solucionan un problema. Pida a los estudiantes que vuelvan a contar el cuento, incluyendo el problema y la solución. Diga: Cuando vuelven a contar, o recuentan, un cuento, cuentan los sucesos importantes. Luego, pida a los estudiantes que respondan a las fuentes comentando en qué se parece el argumento a otros cuentos que han leído.

VOCABULARIO

PUENTE ENTRE LECTURA Y ESCRITURA

Puedo usar palabras para hablar acerca de cuentos.

Mi meta de aprendizaje

Vocabulario académico

| mapa | mudarse | tierra | especial |

 Encierra en un (círculo) y subraya.

mudarse

irse

quedarse

Instrucciones Lea las palabras a los estudiantes. Pídales que encierren en un círculo la palabra que tiene un significado semejante a *mudarse*. Pídales que subrayen la palabra con el significado opuesto.

83

PREORTOGRAFÍA

Clasificar conceptos

 Empareja.

Instrucciones Pida a los estudiantes que identifiquen las palabras de la izquierda como "comida" o "no comida". Luego, pídales que dibujen una línea para emparejar cada imagen de la izquierda con la imagen de la derecha que pertenece a la categoría apropiada.

TÉCNICA DEL AUTOR

Leer juntos

PUENTE ENTRE LECTURA Y ESCRITURA

Leer como un escritor, escribir para un lector

 Escribe.

1. ¿Quién cuenta el cuento? Busca palabras en el texto que te ayuden a saber quién cuenta el cuento.

2. Escribe una oración que hable de un suceso. Usa la palabra **me**.

Instrucciones Diga: Algunas veces un personaje es el narrador del cuento, o la persona que cuenta un cuento. El narrador usa palabras como *yo* y *nosotros*, además de palabras de acción en las que quien hace la acción es *yo*, para contar el cuento. Pida a los estudiantes que escuchen y experimenten un texto en primera persona mientras lee una página del cuento. Luego, lea cada pregunta y pida a los estudiantes que escriban sus respuestas.

LENGUAJE Y NORMAS

Los sustantivos en singular

Un **sustantivo** puede nombrar una cosa o un lugar.

pelota    parque

 Di qué palabra nombra una cosa. Di qué palabra nombra un lugar. Coméntalo con un compañero.

MI TURNO Escribe.

| jardín | bicicleta |

La _____ está en el _____.

PRESENTAR EL TALLER DE ESCRITURA

TALLER DE ESCRITURA

Puedo dibujar o escribir.

Mi meta de aprendizaje

Las partes de un libro

Los libros tienen una portada, una contraportada y una página del título.

 Empareja.

| portada | contraportada | página del título |

Instrucciones Diga: La portada nombra el título y el autor de un libro. La página del título es la primera página de un libro. También aparecen el título y el autor. La contraportada da detalles sobre un libro. Pida a los estudiantes que identifiquen la portada, la contraportada y la página del título dibujando una línea desde cada término a la imagen correspondiente.

PRESENTAR EL TALLER DE ESCRITURA

Las partes de una página

Una página tiene **palabras**. Las palabras cuentan un cuento o dan información.

Una página tiene **imágenes**. Las imágenes muestran más acerca de las palabras.

Mi TURNO Escribe y dibuja.

Instrucciones Muestre un libro de la biblioteca del salón de clases y comente cómo el autor usa características gráficas e impresas, incluyendo el texto principal y las imágenes, para lograr un propósito específico. Luego, anime a los estudiantes a crear una página para un libro usando palabras e imágenes.

TALLER DE ESCRITURA

Conocer al autor

Un **autor** es la persona que escribe un libro.

 Escribe y dibuja.

Instrucciones Comenten el papel que desempeña el autor al escribir un libro. Luego, anime a los estudiantes a hablar acerca de sí mismos como autores mediante dibujos y escritura.

89

PRESENTACIÓN DE LA SEMANA: INFOGRAFÍA

Parques nacionales

Los parques nacionales son lugares especiales. Puedes ver animales interesantes.

Pregunta de la semana

¿Qué nos hace querer visitar un lugar especial?

Puedes hacer senderismo. ¿Qué puedes ver al hacer senderismo?

Puedes aprender acerca del pasado. Aquí vivieron personas hace mucho tiempo.

INTERCAMBIAR ideas Habla con tu compañero sobre qué hace que los parques nacionales sean especiales.

Instrucciones Lea el texto a los estudiantes. Pida que interactúen con la fuente mirando las fotografías y explicando por qué los parques nacionales son lugares especiales.

CONCIENCIA FONOLÓGICA | FONÉTICA

Las sílabas con u

 Encierra en un círculo.

Instrucciones Diga: Escuchen la primera sílaba de estas palabras: *uva*, *uno*. La primera sílaba de estas palabras tiene el sonido /u/. Pida a los estudiantes que nombren las imágenes y encierren en un círculo las que comienzan con la sílaba *u*.

La vocal Uu

 Escribe.

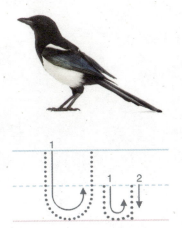

Instrucciones Recuerde a los estudiantes que la letra *u* tiene el sonido /u/. Pídales que nombren cada imagen y digan si tiene la letra *u*. Demuestre cómo formar las letras *U* y *u*. Diga: Si la palabra comienza con la vocal *u*, tracen las letras *Uu*. Si la palabra no comienza con *u*, marquen la imagen con una X.

FONÉTICA | CONCIENCIA FONOLÓGICA

La vocal Uu

 Lee.

  uva

 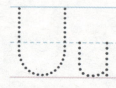 uno

 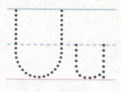 uniforme

Instrucciones Pida a los estudiantes que tracen las letras *Uu*. Luego, pídales que tracen la *u* para completar cada palabra. Por último, pídales que usen las fotos para identificar las palabras.

DESTREZAS FUNDAMENTALES

Las sílabas con m

 Encierra en un círculo.

Instrucciones Diga: Escuchen la primera sílaba de las palabras *mamá* y *mano*. Ambas están formadas por la combinación del sonido /m/ y el sonido /a/. Ahora, identifiquen las otras imágenes de la página cuya primera sílaba comienza con el sonido /m/. Pida a los estudiantes que nombren cada una de las imágenes y encierren en un círculo las que comiencen con el sonido /m/.

FONÉTICA | PALABRAS DE USO FRECUENTE

La consonante Mm

 Subraya.

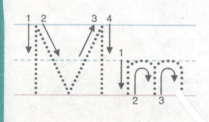

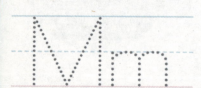

Instrucciones Recuerde a los estudiantes que la letra *m* tiene el sonido que se escucha al comienzo de la primera sílaba de *moto*. Explique que hay palabras como *mar*, cuya única sílaba comienza con *m*. Diga: Tracen las letras *Mm*. Señalen la consonante *m* y díganme qué sonido tiene. Ahora, subrayen las imágenes cuya primera sílaba comienza con /m/.

DESTREZAS FUNDAMENTALES

Mis palabras

| un | mamá | para |

Mis oraciones para leer

Mumi besa a mamá.

¡Es un regalo para mamá!

FONÉTICA

La consonante Mm

 Lee y empareja.

mar

mamá

melón

Instrucciones Recuerde a los estudiantes que la letra *m* tiene el sonido que escuchamos al comienzo de la palabra *mar*. Diga: Estas tres palabras tienen sílabas que comienzan con el sonido /m/. Completen las palabras trazando la letra *m*. Después, lean las palabras. Por último, emparejen cada palabra con su imagen dibujando una línea.

CUENTO DE FONÉTICA

DESTREZAS FUNDAMENTALES

Mumi ama a mamá

Resalta las palabras que tienen la vocal **u**.

Mumi ama a mamá.
La mamá ama a Mumi.

AUDIO
Para escuchar y resaltar
ANOTAR

99

CUENTO DE FONÉTICA

¡Un regalo para mamá!

¡Un abrazo para mamá!

DESTREZAS FUNDAMENTALES

Subraya las palabras que tienen la consonante **m**.

La mamá besa a Mumi.
Mumi mima a mamá.

FONÉTICA

La vocal Uu y la consonante Mm

 Lee.

 Es Mumi.

 Mamá ama a Mumi.

 Mamá mima a Mumi.

 ¡Mumi mima a mamá!

Instrucciones Recuerde a los estudiantes que la vocal *u* tiene el sonido que se escucha en la primera sílaba de *uva*, mientras que la consonante *m* tiene el sonido que se escucha al comienzo de las dos sílabas de *mamá*. Pídales que se fijen en que las dos sílabas de *mamá* están formadas por una vocal y una consonante. Luego, pida a parejas de estudiantes que se turnen para leer las oraciones con un compañero.

La vocal Uu y la consonante Mm

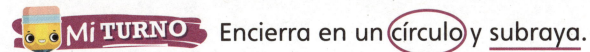 Encierra en un círculo y subraya.

Es una urraca.

Es una uva.

Es mi mamá.

¡Amo a mi mamá!

Instrucciones Recuerde a los estudiantes que la *u* tiene el sonido que se escucha en la primera sílaba de uva. Luego, pregúnteles: ¿Reconocen las dos sílabas de la palabra *mamá*? ¿Qué sonido tiene la consonante que acompaña a la vocal *a*? Pídales después que encierren en un círculo las palabras que tienen sílabas con la vocal *u* y subrayen las palabras que tienen sílabas con la consonante *m*. Por último, pídales que lean las oraciones con ayuda de las imágenes.

GÉNERO: TEXTO INFORMATIVO

 **Mi meta de aprendizaje** Puedo leer acerca de lugares especiales.

Texto informativo

Un **texto informativo** habla acerca de personas reales, lugares o cosas.

Idea principal	Hay muchas cosas en el área de juego.
Detalles	Hay un tobogán. Hay columpios. Hay un arenero.

INTERCAMBIAR *ideas* Comenta con un compañero en qué se diferencia este texto informativo de un cuento de ficción realista.

Instrucciones Lea la información del género y muestre el texto a los estudiantes. Diga: La idea central, o principal, de un texto informativo es de lo que trata el texto principalmente. La evidencia de apoyo, o los detalles, dicen más sobre la idea principal. Pida a los estudiantes que comparen y contrasten el texto informativo y el cuento de ficción realista.

VOCABULARIO

En la biblioteca

Primer vistazo al vocabulario

biblioteca

bibliotecario

computadoras

película

Leer

Lee el texto y mira las fotografías para aprender por qué la biblioteca es un lugar especial.

Conoce al autor

Eric Braun ha escrito más de cien libros, incluyendo *Si yo fuera un astronauta (If I Were an Astronaut)*. Vive en Minnesota con su esposa, sus dos hijos, un perro y una lagartija.

La biblioteca es un lugar especial.
Allí se pueden hacer muchas cosas.

LECTURA ATENTA

¿Qué palabras dicen la idea principal del texto? Subraya las palabras.

Aquí están los libros.
Él puede encontrar un buen libro para leer.

Aquí están las computadoras.
Ella las puede usar para contar un cuento.

LECTURA ATENTA

¿Qué palabras hablan acerca de la idea principal? Resalta las palabras en el texto.

Aquí están las películas.
Ellas pueden llevarse una película a casa.

Esta es la hora de leer cuentos.
Los niños escuchan un cuento.

LECTURA ATENTA

¿Qué palabras hablan acerca de la idea principal? Resalta las palabras en el texto.

Esta es una maestra.
Ella ayuda a los estudiantes con sus tareas.

Este es el bibliotecario.
Él ayuda a las personas a buscar libros.

¡La biblioteca es un sitio estupendo!

VOCABULARIO

Desarrollar el vocabulario

 Empareja.

biblioteca

película

bibliotecario

computadoras

Instrucciones Diga: Pueden usar las imágenes y las palabras de un texto para aprender y comprender el significado de una palabra nueva. Lea las palabras del vocabulario a los estudiantes. Pídales que vuelvan al texto y comenten los significados de las palabras. Luego, pida a los estudiantes que dibujen líneas para emparejar cada palabra con su foto.

COMPRENSIÓN TALLER DE LECTURA

Verificar la comprensión

 Escribe.

1. Algo especial que tienen las bibliotecas es

2. ¿Por qué escribió este texto el autor?

3. ¿Qué hace un bibliotecario?

LECTURA ATENTA

Identificar la idea principal

La **idea central**, o **principal**, es de lo que trata el texto mayormente.

 Encierra en un (círculo) y dibuja.

| biblioteca | computadora |

Instrucciones Lea la información a los estudiantes. Pídales que vuelvan al texto. Pídales que encierren en un círculo la palabra que dice cuál es la idea principal. Luego, pídales que dibujen la idea principal.

Usar la evidencia del texto

 Dibuja.

Instrucciones Diga a los estudiantes que la evidencia del texto son los detalles que apoyan, o cuentan, sobre una idea. Diga: Piensen en la idea principal, o central, del texto. ¿Cómo saben que esa es la idea principal? Pida a los estudiantes que dibujen dos detalles del texto que apoyen su respuesta en la página anterior. Pídales que vuelvan al texto.

RESPONDER AL TEXTO

Reflexionar y comentar

 Dibuja.

Pregunta de la semana

¿Qué nos hace querer visitar un lugar especial?

Instrucciones Diga a los estudiantes que han leído sobre las bibliotecas. Pídales que piensen en otros lugares especiales sobre los que han leído. Pídales que respondan a las fuentes haciendo un dibujo de una biblioteca y otro lugar sobre el que hayan leído.

VOCABULARIO  PUENTE ENTRE LECTURA Y ESCRITURA

Puedo usar palabras para hacer conexiones.

Mi meta de aprendizaje

Vocabulario académico

| mapa | mudarse | tierra | especial |

 Escribe.

Usamos un mapa para poder encontrar lugares.

Un parque es un sitio _____.

Instrucciones Lea las palabras del Vocabulario académico a los estudiantes. Luego lea las oraciones. Pida a los estudiantes que usen el vocabulario que acaban de adquirir escogiendo las palabras apropiadas para completar las oraciones.

PREORTOGRAFÍA

Clasificar conceptos

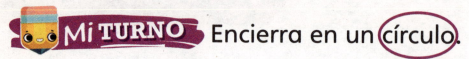 Encierra en un círculo.

Instrucciones Diga: Una categoría es un grupo de artículos que tienen algo en común. Podemos nombrar los artículos de un grupo, y luego decir lo que tienen en común. Pida a los estudiantes que nombren los tres artículos que están en los recuadros y que identifiquen su categoría como figuras. Finalmente, pídales que encierren en un círculo y digan los nombres de las figuras que pertenecen a esa categoría.

TÉCNICA DEL AUTOR

PUENTE ENTRE LECTURA Y ESCRITURA

Leer como un escritor, escribir para un lector

 Escribe.

1. Busca una palabra o grupo de palabras que digan por qué el autor piensa que las bibliotecas son lugares especiales.

2. ¿Qué otra palabra o grupo de palabras puedes escribir para decir por qué las bibliotecas son especiales?

Instrucciones Lea la primera pregunta a los estudiantes y pídales que vuelvan al texto para buscar la respuesta. Luego, lea la segunda pregunta. Pida a los estudiantes que escriban una palabra o un grupo de palabras para decir por qué piensan que las bibliotecas son especiales.

LENGUAJE Y NORMAS

Los sustantivos en plural

Agregamos una **s** al final de algunas palabras para nombrar a más de uno.

1 perro

2 perro**s**

 Con un compañero, di cuántos hay de cada cosa. ¿Qué palabra necesita una **s** al final?

Mi TURNO Encierra en un (círculo) y escribe.

Las dos casa están juntas.

Instrucciones Lea la información de la parte superior de la página. Pida a parejas de estudiantes que cuenten los libros y el escritorio de las fotos, y comenten qué palabra necesita una terminación plural. Luego, lea la oración con los estudiantes. Pídales que corrijan la oración encerrando en un círculo la palabra que debe terminar con *s*. Pídales que escriban el sustantivo plural en las líneas.

PRESENTAR EL TALLER DE ESCRITURA  **TALLER DE ESCRITURA**

Puedo escribir o dibujar.

Mi meta de aprendizaje

Tipos de libros

Mi TURNO Escribe y dibuja.

Instrucciones Diga: Algunos libros cuentan un cuento. Otros cuentan hechos o datos. Algunos libros dicen cómo hacer algo. Pida a los estudiantes que piensen en los diferentes tipos de libros que han leído. Luego, pídales que creen una portada para un libro. Deben pensar en un título y una imagen que muestre de qué trata el libro y qué tipo de libro es.

PRESENTAR EL TALLER DE ESCRITURA

Espacios entre las palabras

Las letras forman una palabra.
Las palabras forman una oración.
En una oración, hay espacios entre las palabras.

 Encierra en un (círculo).

Aquí están las computadoras.

 Escribe.

| Aquí | están | los | libros. |

Instrucciones Pida a los estudiantes que reconozcan la diferencia entre las letras y las palabras de una oración nombrando primero las letras que conocen y luego, señalando cada palabra. Pídales que encierren en un círculo los espacios entre las palabras para mostrar los límites de cada palabra. Finalmente, pida a los estudiantes que usen las palabras del banco de palabras para escribir una oración.

TALLER DE ESCRITURA

Cuándo comenzar un nuevo libro

Antes de comenzar un nuevo libro, asegúrate de que el libro que estás escribiendo está terminado. Puedes usar una lista de verificación.

 Verifica.

- ☐ ¿Has hecho una página para el título?
- ☐ ¿Has coloreado los dibujos?
- ☐ ¿Has añadido más detalles?
- ☐ ¿Has puesto espacios entre las palabras?

Instrucciones Comente las preguntas de la lista de verificación con los estudiantes. Explique que pueden usar la lista de verificación como ayuda para evaluar y revisar su propia escritura.

PRESENTACIÓN DE LA SEMANA: INFOGRAFÍA

Explorar los bosques

¡Hay mucho que ver en los bosques!

Puedes ver árboles.

Puedes ver refugios de animales.

¡Puedes ver insectos también!

CONCIENCIA FONOLÓGICA | FONÉTICA

Las sílabas con p

 Empareja.

Instrucciones Demuestre: Escuchen la palabra pera. ¿Cuál es la primera sílaba de *pera*? ¡Muy bien! La primera sílaba de *pera* es *pe*. Pida a los estudiantes que nombren las imágenes e identifiquen la primera sílaba de cada palabra. Luego, pídales que dibujen una línea para unir las imágenes que comienzan con la misma sílaba.

La consonante Pp

 Escribe.

Instrucciones Recuerde a los estudiantes que la letra *p* tiene el sonido que escuchamos al principio de las sílabas *pa, pe, pi, po, pu*. Demuestre cómo se forman las letras *Pp*. Pídales que nombren cada imagen e identifiquen las sílabas que comienzan con el sonido /p/. Luego, diga: Si la imagen tiene una sílaba que comienza con el sonido /p/, escriban las letras *Pp*.

FONÉTICA | CONCIENCIA FONOLÓGICA

La consonante Pp

 Lee y encierra en un círculo.

tapa

pilas

peces

Instrucciones Pida a los estudiantes que tracen la sílaba con *p* en cada palabra. Luego, pídales que lean la palabra y encierren en un círculo la imagen que corresponde.

Las sílabas con l

 Encierra en un círculo.

Instrucciones Demuestre: Escuchen los sonidos de la primera sílaba de la palabra *luna*: /l/, /u/. El sonido inicial es /l/. Ahora, escuchen los sonidos de la única sílaba de la palabra *col*: /c/, /o/, /l/. El sonido final es /l/. Si añadimos el sonido /a/ podemos formar la palabra de dos sílabas *cola*. Luego, pida a los estudiantes que nombren las imágenes de la primera fila y encierren en un círculo las palabras cuyo sonido inicial sea /l/. Luego, pídales que nombren las imágenes de la segunda fila y encierren en un círculo las palabras cuyo sonido final sea /l/. Por último, pregúnteles qué palabras obtienen al añadir el sonido /a/ a *sal* y a *sol*.

FONÉTICA | PALABRAS DE USO FRECUENTE

La consonante Ll

 Encierra en un círculo.

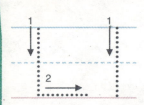

Instrucciones Pida a los estudiantes que nombren cada imagen e identifiquen las palabras con sílabas que tienen el sonido /l/ al principio o al final. Demuestre cómo identificar el sonido /l/ al final de una sílaba. Diga: La palabra *túnel* tiene dos sílabas: *tú-nel*. Su última sílaba tiene el sonido /l/ al final. Luego, demuestre cómo se forman las letras *L* y *l*, y diga: Tracen las letras y encierren en un círculo cada imagen que contenga una sílaba con el sonido /l/ al principio o al final.

Mis palabras

| al | por | papá |

Mis oraciones para leer

Lalo va al parque.

Papá va por el niño.

FONÉTICA

La consonante Ll

 Escribe.

a_a   _oma   _upa   pi_a

CUENTO DE FONÉTICA

DESTREZAS FUNDAMENTALES

Mi papá

Resalta las palabras que tienen la consonante **p**.

Mi papá va al parque.

Mi papá va por el mapa.

AUDIO
Para escuchar y resaltar

ANOTAR

CUENTO DE FONÉTICA

Mi papá va a la escuela.

Papá va por el niño Lalo.

DESTREZAS FUNDAMENTALES

Subraya las palabras que tienen la consonante l.

Mi papá va al lago.

Lalo va por la pala.

FONÉTICA

Las consonantes Pp, Ll

 Lee.

palo	mapa	Lalo
pala	el	loma
pila	lupa	ala
al	mula	pelo

Instrucciones Diga: Recuerden que hay sílabas que comienzan con la letra *p*. También hay sílabas que comienzan con la letra *l* y otras que terminan con la letra *l*. Pídales que se turnen con un compañero para leer las palabras. Por último, pregunte: ¿Cuáles son las vocales que tienen sonidos diferentes en las palabras *palo* y *pala*?

Las consonantes Pp, Ll

Mi TURNO Lee y subraya.

palo	<u>pala</u>	
mapa	lupa	
ala	pila	
pelo	palo	

Instrucciones Diga: Recuerden que hay sílabas que comienzan con la letra *p*. También hay sílabas que comienzan con la letra *l*. Pida a los estudiantes que lean cada par de palabras y subrayen la palabra que nombra la imagen. Luego, pídales que identifiquen las dos sílabas de cada palabra e identifiquen la sílaba que es distinta en cada par de palabras.

GÉNERO: FICCIÓN REALISTA

 **Mi meta de aprendizaje** Puedo leer ficción realista.

ENFOQUE EN EL GÉNERO

Ficción realista

El **ambiente,** o escenario, es dónde y cuándo sucede el cuento.

INTERCAMBIAR *ideas* Cuéntale a un compañero sobre el ambiente del dibujo.

Instrucciones Lea la información de la parte superior de la página a los estudiantes. Luego, pídales que trabajen en parejas para describir el ambiente del dibujo, incluyendo el momento y el lugar.

TALLER DE LECTURA

Cartel de referencia: Ficción realista

Lugar y momento

Ambiente

VOCABULARIO

¿Dónde está Trueno?

Primer vistazo al vocabulario

| sale | sacude | resbala | persiguiendo |

Leer

Lee para saber quién es Trueno.

Conoce a la autora

Bonnie Lass es una maestra que escribe cuentos para lectores principiantes. Ella es la autora de *¿Quién agarró las galletas del tarro de galletas? (Who Took the Cookies from the Cookie Jar?)*

Género: Ficción realista

¿Dónde está Trueno?

escrito por Bonnie Lass
ilustrado por Josée Masse

Olivia y Trueno están en el patio de la granja.
Olivia está dando de comer a las gallinas.
Trueno ayuda.

LECTURA ATENTA

¿Dónde sucede el cuento? Subraya las palabras.

Olivia mira alrededor.
—¿Dónde está Trueno?
¡Trueno está persiguiendo una mariposa!

Trueno se detiene. ¿Dónde está?
¡Trueno está en el bosque!

LECTURA ATENTA

¿Qué detalle da el texto acerca del bosque? Resalta las palabras.

Hay muchos palos aquí. Trueno encuentra uno muy bueno para morder.

Morder el palo le da sed a Trueno.
Encuentra un arroyo y bebe.

LECTURA ATENTA

¿Qué detalle da el texto acerca del bosque? Resalta las palabras.

¡Trueno resbala y se cae!
Trueno está asustado.

Trueno sale del arroyo.
Se sacude al sol.
¡Mira! ¡Ahí está la mariposa!

LECTURA ATENTA

¿Cuándo tiene lugar el cuento? Subraya la pista.

Trueno sigue a la mariposa hasta la casa.
—¡Trueno! —dice Olivia—. ¡Regresaste!

VOCABULARIO

Desarrollar el vocabulario

 Escribe.

| sale | sacude | resbala | persiguiendo |

Trueno está _____ a una mariposa.

Instrucciones Diga: Las ilustraciones y las palabras de un texto nos ayudan a aprender y comprender el significado de una palabra. Pida a grupos de estudiantes que vuelvan al texto y comenten los significados de las palabras del vocabulario. Luego, pídales que usen claves del contexto y la ilustración para identificar qué palabra del vocabulario completa mejor la oración. Pídales que escriban la palabra en las líneas.

COMPRENSIÓN TALLER DE LECTURA

Verificar la comprensión

 Escribe.

1. ¿Qué sucede al final del cuento?

2. ¿Qué palabras te ayudan a saber cómo se siente Olivia?

3. ¿Piensas que Trueno regresará al bosque?

Instrucciones Lea las preguntas y pida a los estudiantes que escriban sus respuestas. Recuérdeles que usen evidencia del texto.

LECTURA ATENTA

Describir el ambiente

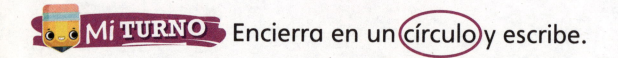 Encierra en un (círculo) y escribe.

El **ambiente**, o escenario, es dónde y cuándo sucede un cuento.

Instrucciones Lea en voz alta la información y pida a los estudiantes que encierren en un círculo la imagen que muestra el ambiente al comienzo del cuento. Recuérdeles que regresen al texto. Luego, pida a los estudiantes que escriban en las líneas palabras que describan cuándo y dónde tiene lugar el cuento.

TALLER DE LECTURA

Comprender nuevos conceptos

Puedes usar los detalles que descubres en un cuento para comprender algo nuevo.

 Dibuja.

Instrucciones Lea la información a los estudiantes. Pídales que resuman la información del cuento para dibujar el ambiente del bosque. Recuerde a los estudiantes que vuelvan al texto. Pregunte: ¿Qué aprendieron sobre el bosque que no sabían antes?

RESPONDER AL TEXTO

Reflexionar y comentar

INTERCAMBIAR ideas ¿Cuál es el ambiente del cuento? ¿Qué otros cuentos has leído que tienen un ambiente similar? Habla con un compañero acerca de los cuentos.

Pregunta de la semana

¿Qué es divertido acerca de explorar lugares nuevos?

Instrucciones Pida a los estudiantes que hablen sobre el ambiente del cuento. Luego, pídales que respondan a las fuentes conversando en parejas sobre otros cuentos que hayan leído que suceden en un escenario similar.

VOCABULARIO  **PUENTE ENTRE LECTURA Y ESCRITURA**

Puedo usar palabras para hablar acerca de cuentos.

Mi meta de aprendizaje

Vocabulario académico

| mapa | mudarse | tierra | especial |

Las partes de las palabras, o afijos, se pueden cambiar o añadir a otras palabras para crear palabras nuevas.

 Subraya.

Los parques son lugares especiales.

Mudarnos es una tarea pesada.

Instrucciones Diga: Las partes de las palabras, o afijos, pueden cambiar el significado de una palabra. La terminación, o afijo, *-es* al final de la palabra *especiales* significa que más de una cosa es especial. La terminación *-nos* en *mudarnos* dice que la acción la hacemos nosotros. Lea las oraciones y pida a los estudiantes que subrayen la palabra de cada oración a la que se le ha añadido una parte de la palabra.

PREORTOGRAFÍA

Clasificar conceptos

Mi TURNO Encierra en un círculo.

Instrucciones Diga: Una categoría es un grupo de artículos que tienen algo en común. Podemos decir los artículos y después identificar, o nombrar, la categoría. Pídales que nombren lo que ven en los tres recuadros y que identifiquen la categoría: colores. Luego, pídales que encierren en un círculo las imágenes de cada fila que son del mismo color. Pídales que nombren otras palabras que entrarían en esta categoría.

TÉCNICA DEL AUTOR

PUENTE ENTRE LECTURA Y ESCRITURA

Leer como un escritor, escribir para un lector

 Escribe.

1. Busca palabras en el texto que te ayuden a imaginar cómo se siente Trueno cuando se cae al arroyo.

2. ¿Qué palabra puedes escribir para ayudar a los lectores a imaginarse cómo es Trueno?

Instrucciones Lea la primera pregunta a los estudiantes. Pídales que revisen el texto para buscar las palabras y escribirlas en las líneas. A continuación, lea la segunda pregunta. Pida a los estudiantes que miren los dibujos del texto y escriban una palabra que describa a Trueno. Pídales que comenten sus respuestas.

LENGUAJE Y NORMAS

Los sustantivos en plural

Añadimos **s** o **es** a algunas palabras para nombrar más de uno.

árbol   árbol**es**

 Escribe.

flor

flor _____

Instrucciones Lea la información en la parte superior de la página a los estudiantes. Luego, pida a los estudiantes que vean las imágenes en la parte inferior de la página y que lean las palabras. Pídales que corrijan la palabra flor para cambiarla a plural.

PRESENTAR EL TALLER DE ESCRITURA  **TALLER DE ESCRITURA**

Puedo escribir o dibujar.

Mi meta de aprendizaje

Club de escritura

¿Qué harás en el Club de escritura?

1. Presentar tu escritura.

2. Hablar sobre tu escritura.

3. Escuchar las ideas de otros.

¡El Club de escritura te ayudará a ser un mejor escritor!

INTERCAMBIAR *ideas* Preséntate a tu pequeño grupo. Luego habla sobre lo que quieres escribir.

Instrucciones Pida a los estudiantes que desarrollen la comunicación social usando los saludos comunes al presentarse. Luego, pídales que practiquen cómo presentar su escritura contándoles a los demás sobre lo que quieren escribir. Demuestre: Hola, mi nombre es [Nombre]. Quiero escribir sobre mi viaje al lago.

PRESENTAR EL TALLER DE ESCRITURA

Hacer y responder preguntas

 Dibuja.

INTERCAMBIAR ideas Responde a las preguntas que haga tu grupo sobre tu dibujo. Haz preguntas sobre sus dibujos.

Instrucciones Pida a los estudiantes que dibujen sobre un tema o suceso. Luego, pídales que describan su dibujo a un grupo pequeño. Anime a los estudiantes a hacer y responder preguntas para aclarar la comprensión. Recuérdeles que escuchen activamente a los demás y que se turnen para hablar.

Hacer y responder a sugerencias

Mi TURNO Dibuja.

 **INTERCAMBIAR ideas** Presenta tus ideas acerca del dibujo de tu compañero. Escucha las ideas de tu compañero acerca de tu dibujo.

Instrucciones Diga: Presentar y escuchar ideas sobre lo que escribimos ayuda a mejorar nuestra escritura. Pida a los estudiantes que dibujen un lugar especial y muestren su dibujo a un compañero. Pida que comenten entre compañeros la manera en la que pueden mejorar sus dibujos, por ejemplo, añadiendo detalles. Recuérdeles que se turnen para hablar.

PRESENTACIÓN DE LA SEMANA: MAPA

¿Qué hay en un vecindario?

Un mapa muestra dónde están los lugares. ¿Qué lugares especiales ves?

 pasto

 carreteras

 agua

Pregunta de la semana

¿Cómo podemos describir lugares especiales?

 Empareja.

- parque
- escuela
- área de juego

Instrucciones Lea en voz alta el texto y pida a los estudiantes que reconozcan las características de un mapa, como la leyenda del mapa y los símbolos. Pídales que interactúen con la fuente hablando de los lugares especiales que ven en el mapa. Luego, pida a los estudiantes que dibujen líneas para emparejar los dibujos con las palabras de los lugares.

CONCIENCIA FONOLÓGICA | FONÉTICA

Las sílabas con s

 Encierra en un (círculo) y subraya.

Instrucciones Diga: Algunos grupos de palabras comienzan con el mismo sonido. La primera sílaba de la palabra *sapo* es *sa* y la primera sílaba de la palabra *sopa* es *so*. Ambas sílabas comienzan con el sonido /s/. ¿Qué otras imágenes comienzan con esas dos sílabas? Nombre las imágenes con los estudiantes. Luego, pídales que reconozcan la aliteración encerrando en un círculo las imágenes que comienzan con la sílaba *sa* y subrayando las imágenes que comienzan con la sílaba *so*.

DESTREZAS FUNDAMENTALES

La consonante Ss

 Escribe.

   Ss silla

   Ss mesa

   Ss casa

 Ss sala

Instrucciones Recuerde a los estudiantes que la letra *s* tiene el sonido que se escucha al comienzo de las sílabas *sa* y *si*. Pídales que tracen las letras *Ss* y digan qué sonido tienen. Luego, pídales que nombren cada imagen y tracen la letra *s* para completar la sílaba con *s* de cada palabra.

169

FONÉTICA | CONCIENCIA FONOLÓGICA

La consonante Ss

 Lee, escribe y empareja.

sol

asa

sal

Instrucciones Pida a los estudiantes que tracen la letra *s* en cada palabra. Luego, pídales que lean las palabras y las escriban en las líneas. Por último, pídales que emparejen cada imagen con la palabra que corresponde dibujando una línea.

DESTREZAS FUNDAMENTALES

Las sílabas con n

Mi TURNO Encierra en un círculo y subraya.

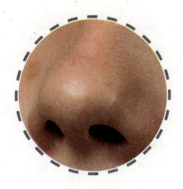   

Instrucciones Diga: *La primera sílaba de la palabra nariz comienza con el sonido /n/.* Pida a los estudiantes que nombren las imágenes de la primera fila y encierren en un círculo las que tengan el sonido /n/ al comienzo de su primera sílaba. Ahora, diga: *La palabra pan es una palabra de una sola sílaba. Vamos a separar y pronunciar sus tres sonidos: /p/, /a/ y /n/. Al volver a combinar los sonidos, podemos ver que el sonido /n/ está al final de la palabra.* Luego, pídales que nombren cada una de las imágenes de la segunda fila y subrayen las imágenes que tienen el sonido /n/ al final de su última sílaba.

FONÉTICA | PALABRAS DE USO FRECUENTE

La consonante Nn

 Encierra en un círculo.

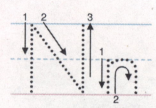

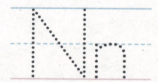

Instrucciones Diga a los estudiantes que la letra *n* tiene el sonido /n/. Explíqueles que la letra *n* puede estar al comienzo o al final de cualquier sílaba en una palabra. Demuestre cómo se forman las letras *Nn*. Diga: Nombren las imágenes de cada fila y encierren en un círculo la imagen que tenga una sílaba con el sonido /n/ al principio o al final. Luego, tracen las letras en las líneas.

DESTREZAS FUNDAMENTALES

Mis palabras

| del | suyo | hizo |

Mis oraciones para leer

Mamá hizo la masa del pan.

El pan es suyo.

FONÉTICA

La consonante Nn

 Lee y escribe.

pan

pone

Nino

Instrucciones Pida a los estudiantes que nombren cada imagen y que tracen la letra *N* o *n* en cada palabra. Pídales que lean las palabras. Luego, pídales que escriban las palabras en las líneas.

CUENTO DE FONÉTICA

DESTREZAS FUNDAMENTALES

Sopa y pan

Resalta las palabras que tienen la consonante **s**.

¡Sopa y pan en la mesa!

Mamá hizo la sopa.

Papá hizo el pan.

AUDIO
Para escuchar y resaltar

ANOTAR

175

CUENTO DE FONÉTICA

Papá pone el pan en un plato.

Nino va a la mesa.

¡Un pedazo del pan es suyo!

DESTREZAS FUNDAMENTALES

Subraya las palabras que tienen la consonante **n**.

Mamá va a la mesa.

Nino pasa el pan.

Pan para mamá.

Pan para papá.

FONÉTICA

Las consonantes Ss, Nn

Mi TURNO Lee.

sopa   sapo

sol   sal

pan   pon

Instrucciones Pida a los estudiantes que tracen la *s* o la *n* en cada palabra. Pídales que señalen las sílabas o las letras que son distintas en cada par de palabras. Pídales que lean cada palabra.

DESTREZAS FUNDAMENTALES

Las consonantes Ss, Nn

 **Mi TURNO** Encierra en un círculo y subraya.

Mamá pasa el pan.

Nino va a la mesa.

El pan es suyo.

Papá hizo el pan.

Instrucciones Pida a los estudiantes que lean cada oración. Luego, pídales que subrayen cada palabra que contenga una sílaba con *s* al comienzo o al final de la sílaba y encierren en un círculo cada palabra que contenga sílabas con *n* al comienzo o al final de la sílaba.

GÉNERO: TEXTO INFORMATIVO

Mi meta de aprendizaje Puedo leer acerca de lugares especiales.

Texto informativo

El propósito del texto informativo es informar.

Propósito — Voy a hablarte de la biblioteca.

Datos — La biblioteca tiene muchos libros.

No compramos libros en la biblioteca.

Nos los llevamos prestados.

INTERCAMBIAR ideas Comenta con un compañero cómo un cuento sobre una biblioteca sería diferente de un texto informativo.

Instrucciones Lea la información del género y el texto modelo a los estudiantes. Pida a los estudiantes que comenten el propósito del texto. Luego, pida a parejas de estudiantes que contrasten un cuento sobre una biblioteca con el texto modelo.

VOCABULARIO

Una visita a la tienda de arte

Primer vistazo al vocabulario

 lápices    pinceles    materiales    marcadores

Leer

Lee el texto y mira las fotos para saber por qué las personas van a las tiendas de arte.

Conoce al autor

Jerry Craft ha escrito o hecho dibujos para muchos libros, incluyendo un libro de superhéroes que escribió con sus dos hijos.
También hace una tira cómica para el periódico, y le encanta visitar las escuelas.

Género **Texto informativo**

Una visita a la tienda de arte

por Jerry Craft

¿Quieres ser un artista?
Una tienda de arte tiene los materiales que necesitas.

Mira a todos los artistas.

A algunos artistas les gusta dibujar.

A algunos artistas les gusta pintar.

Mira todos los lápices.

Puedes hacer líneas oscuras.

Puedes hacer líneas claras.

LECTURA ATENTA

¿Qué nos dice el autor que podemos hacer con los materiales de arte? Subraya las cosas que puedes hacer.

Mira los marcadores.
Puedes usar cada color del arco iris.

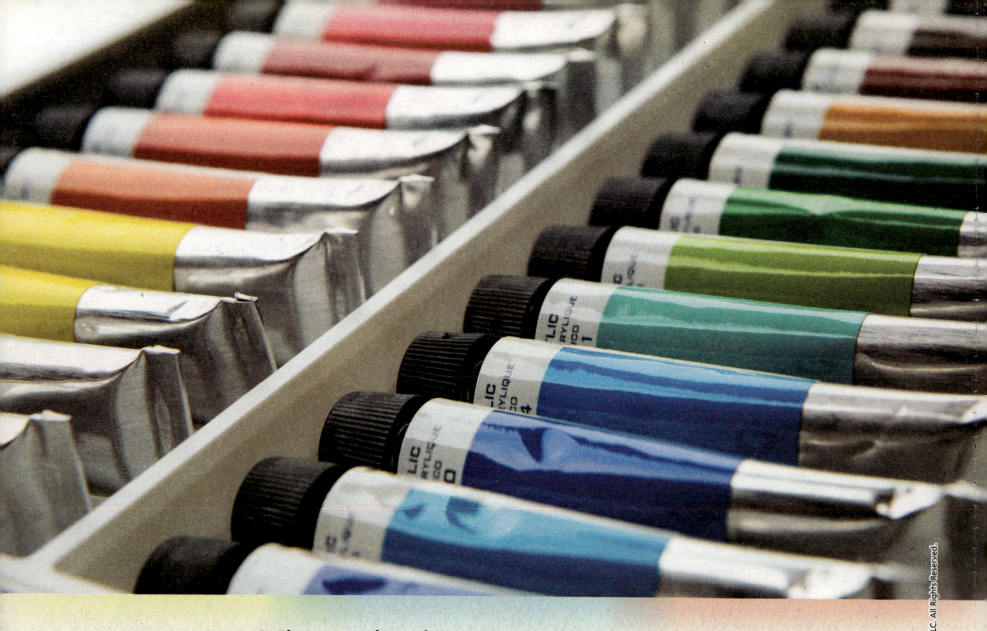

Mira todas las pinturas.
Puedes usar colores brillantes.
Puedes usar colores opacos.

LECTURA ATENTA

¿Qué nos dice el autor que podemos hacer con los materiales de arte? <u>Subraya</u> las cosas que puedes hacer.

Mira todos los pinceles.
Puedes usar pinceles gruesos.
Puedes usar pinceles finos.

Comprar materiales de arte puede ser muy divertido.

LECTURA ATENTA

¿Qué palabras nos dicen por qué las personas van a la tienda de arte? Resalta las palabras.

¡Pero usar los materiales de arte es aún más divertido!

VOCABULARIO

Desarrollar el vocabulario

 Encierra en un círculo.

| pinceles | *marcadores* |

| pinceles | lápices |

| materiales | pinceles |

| marcadores | lápices |

Instrucciones Lea las palabras que están debajo de cada imagen a los estudiantes. Pídales que encierren en un círculo la palabra que nombra cada imagen.

COMPRESIÓN  **TALLER DE LECTURA**

Verificar la comprensión

 Escribe.

1. Este texto trata principalmente de
   _____
   _____
   _____ .

2. ¿Qué palabras te ayudan a imaginarte cómo hacer arte con pinturas?
   _____
   _____

3. ¿Qué otros materiales puedes encontrar en una tienda de arte?
   _____
   _____
   _____

Instrucciones Lea las preguntas y pida a los estudiantes que escriban sus respuestas. Recuérdeles que deben usar evidencia del texto para apoyar sus respuestas.

LECTURA ATENTA

Comentar el propósito del autor

El **propósito del autor** es la razón por la que escribe un autor.

 Encierra en un círculo.

para entretener   para informar

Instrucciones Lea en voz alta la información en la parte superior de la página. Pida a los estudiantes que comenten por qué el autor escribió el texto y encierren en un círculo el propósito del autor. Luego, pídales que encierren en un círculo los detalles del texto que apoyan el propósito del autor. Recuerde a los estudiantes que vuelvan al texto.

Hacer conexiones

 Dibuja.

LECTURA ATENTA

Reflexionar y comentar

INTERCAMBIAR *ideas* ¿Qué hace que una tienda de arte sea un lugar especial? ¿Qué hace que una biblioteca sea un lugar especial? Da detalles del texto. Coméntalos con un compañero.

Puedes volver a contar los detalles importantes.

Pregunta de la semana

¿Cómo podemos describir lugares especiales?

Instrucciones Diga a los estudiantes que han leído sobre las tiendas de arte. Recuérdeles que también han leído acerca de las bibliotecas. Pídales que, en parejas, respondan a las fuentes repitiendo los textos. Diga: *Cuando vuelven a contar, o recuentan, un texto, cuentan las ideas y los detalles más importantes.*

VOCABULARIO

TALLER DE LECTURA Y ESCRITURA

Puedo usar palabras para hacer conexiones.

Mi meta de aprendizaje

Vocabulario académico

| mapa | mudarse | tierra | especial |

 Dibuja.

INTERCAMBIAR ideas Habla con un compañero sobre tu dibujo.

Instrucciones Pida a los estudiantes que escojan una palabra que aprendieron en esta unidad y que hagan un dibujo sobre la palabra. Luego, pídales que hablen con un compañero sobre lo que han dibujado y por qué lo dibujaron.

PREORTOGRAFÍA

Clasificar conceptos

 Clasifica.

Instrucciones Diga: Algunas de estas imágenes muestran juguetes y algunas muestran objetos que no son juguetes. Ordenen las imágenes poniendo los juguetes en la caja de juguetes. Pida a los estudiantes que dibujen líneas desde las imágenes de los juguetes hasta la casilla vacía en la parte inferior de la página.

TÉCNICA DEL AUTOR

PUENTE ENTRE LECTURA Y ESCRITURA

Leer como un escritor, escribir para un lector

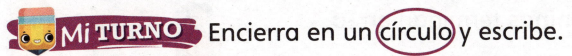 Encierra en un (círculo) y escribe.

1. Encierra en un círculo la imagen que te ayudó a aprender más sobre las tiendas de arte.

2. ¿De qué manera añadir dibujos puede ayudarte como escritor?

Instrucciones Lea la pregunta 1 a los estudiantes y pídales que encierren en un círculo la imagen que muestra detalles sobre una tienda de arte. Luego, lea en voz alta la pregunta 2 y pida a los estudiantes que escriban su respuesta.

LENGUAJE Y NORMAS

Los sustantivos femeninos y masculinos

Muchos **sustantivos femeninos** terminan en **-a**, como **niña**, **gallina** o **tiza**.

Muchos **sustantivos masculinos** terminan en **-o**, como **niño**, **gallo** o **libro**.

 Encierra en un círculo.

 cocinero   F   (M)

 doctora   F   M

 silla   F   M

 escritorio   F   M

Instrucciones Diga: El sustantivo *cocinero* termina con la letra *o*, así que es un sustantivo masculino. Pida a los estudiantes que indiquen si los sustantivos son femeninos o masculinos encerrando en un círculo la *F* o la *M* en la columna de la derecha.

PRESENTAR EL TALLER DE ESCRITURA  TALLER DE ESCRITURA

Puedo escribir o dibujar.

 Mi meta de aprendizaje

Corregir las partes de un libro

Un libro tiene una **portada**, una **contraportada** y una **página del título**.

 Escribe.

Instrucciones Explique a los estudiantes que la portada nombra el título y al autor de un libro; la página del título es la primera página del libro y también nombra el título y al autor; y la contraportada da los detalles del libro. Luego, pida a los estudiantes que identifiquen la portada, la contraportada y la página del título escribiendo el término correcto debajo de cada dibujo.

PRESENTAR EL TALLER DE ESCRITURA

Incorporar los comentarios de los compañeros

 Dibuja.

Instrucciones Pida a parejas de estudiantes que conversen sobre la imagen y se turnen para sugerir detalles que pueden añadir para mejorarla. Luego, pida a los estudiantes que trabajen independientemente para revisar la imagen añadiendo detalles. Anímelos a incluir los detalles sugeridos por su compañero.

TALLER DE ESCRITURA

Cómo celebrarlo

- ☐ Habla alto y claro.
- ☐ Usa oraciones completas.
- ☐ Escucha activamente.
- ☐ Haz preguntas.

INTERCAMBIAR ideas Presenta tu escritura a un compañero.

Instrucciones Comente la lista de reglas para hablar y escuchar con los estudiantes. Luego, pídales que presenten su escritura a un compañero.

COMPARAR TEXTOS

TEMA DE LA UNIDAD
De viaje

 **INTERCAMBIAR** *ideas*

Regresa a cada texto y di un detalle sobre un lugar especial. Usa las preguntas de la semana como ayuda.

 CLUB del LIBRO

SEMANA 3
En la biblioteca
¿Qué nos hace querer visitar un lugar especial?

SEMANA 2
Demasiados lugares para esconderse
¿Qué es lo emocionante de mudarse a otro lugar?

 CLUB del LIBRO

SEMANA 1
¡Misión cumplida!
¿Cómo hace la imaginación que un lugar parezca diferente?

¿Dónde está Trueno?

¿Qué es divertido acerca de explorar lugares nuevos?

SEMANA 4

SEMANA 5

Una visita a la tienda de arte

¿Cómo podemos describir lugares especiales?

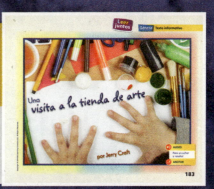

Pregunta esencial

¿Qué hace que un lugar sea especial?

Proyecto

SEMANA 6

Ahora es el momento de aplicar lo que has aprendido acerca de viajar en tu proyecto de la SEMANA 6: ¡Vamos!

205

La consonante Dd

 Lee y escribe.

duna   dos   mide   lado

DESTREZAS FUNDAMENTALES

Mis palabras

| tú | día | contar |

Mis oraciones para leer

Mi TURNO

1. <u>Tú</u> vas al bosque.

2. Vas a contar palos.

3. Un día vamos a la playa.

Instrucciones Pida a los estudiantes que lean las palabras de uso frecuente. Pídales que subrayen las palabras de uso frecuente en las oraciones.

FONÉTICA

La consonante Tt

Mi TURNO Lee y escribe.

tapa   topo   moto   pato

Instrucciones Diga: La letra *t* tiene el sonido /t/ que escuchan en la primera sílaba de *tapa*. Pida a los estudiantes que nombren cada imagen y que tracen la letra *t* en cada palabra. Luego, pídales que lean las palabras. Por último, pídales que escojan una palabra y la escriban en las líneas.

CUENTO DE FONÉTICA

DESTREZAS FUNDAMENTALES

¡A contar!

Resalta las palabras que tienen la consonante **d**.

Dino y su papá van al bosque.
Dino va a contar todos los palitos.
El papá usa sus dedos para contar.

CUENTO DE FONÉTICA

 Lili y su mamá van al lago.
Lili va a contar todos los patitos.
Su mamá va a contar todos los patos.

DESTREZAS FUNDAMENTALES

Subraya las palabras que tienen la consonante **t**.

Un día tú vas a la playa.
Vas a contar todas las palitas.
Vas a contar todas las palas.

INDAGAR

¡Vamos!

Mira las fotos. ¿A qué tipo de museo quieres ir?

Conversa con un compañero sobre los museos.

Instrucciones Lea en voz alta el enunciado. Diga: Un museo es un lugar donde se reúnen cosas interesantes para que las personas las vean. Pida a los estudiantes que comenten los museos de las fotos y lo que las personas pueden ver en los museos. Luego, pídales que encierren en un círculo los museos que han visitado o los museos que les gustaría visitar.

 **PROYECTO DE INDAGACIÓN**

Usar las palabras

COLABORAR ¿Qué preguntas puedes hacer acerca de los museos? Conversa con tu compañero. Usa las palabras académicas nuevas.

Plan de investigación de museos

Marca cada recuadro mientras haces tu trabajo.

- ☐ Investiga los museos.
- ☐ Elige cuál quieres visitar.
- ☐ Escribe o dibuja para explicar por qué.
- ☐ Presenta a los demás.

Instrucciones Pida a los estudiantes que generen preguntas acerca de los museos usando el vocabulario recién adquirido. Luego, comenten los pasos del plan de investigación de esta semana. Explique que los estudiantes seguirán el plan de investigación mientras completan su proyecto.

EXPLORAR LA INVESTIGACIÓN

Hechos y opiniones

Un **hecho** es un detalle que se puede comprobar como cierto.
Una **opinión** es lo que piensa o siente un autor.

¡Deberías visitar un museo de historia!

Puedes ver dinosaurios.

Instrucciones Diga: El autor de un texto persuasivo quiere convencer a los lectores de que piensen o hagan algo. El autor da una opinión. El autor usa hechos para apoyar su opinión. Lea las oraciones debajo de los dibujos a los estudiantes. Pídales que encierren en un círculo la oración que da un hecho y que subrayen la oración que da una opinión.

HACER UNA INVESTIGACIÓN  PROYECTO DE INDAGACIÓN

Preguntar a una bibliotecaria

INVESTIGACIÓN

Puedes encontrar información en una biblioteca. ¡Una bibliotecaria puede ayudarte!

COLABORAR Encierra en un círculo la persona que puede ayudarte en una biblioteca. Habla sobre las preguntas que puedes hacer.

Instrucciones Diga: ¿Qué quieren saber sobre su tema? Piensen en las preguntas que pueden hacer. Sus preguntas ayudan a los bibliotecarios a saber lo que necesitan y quieren. Por ejemplo, digan *Hola. ¿Dónde puedo encontrar libros sobre museos?* Pida a los estudiantes que encierren en un círculo a la bibliotecaria de la foto. Luego, pídales que generen preguntas para su proyecto de investigación. Dígales que expresen sus necesidades y deseos.

AFINAR LA INVESTIGACIÓN

Tomar notas

¿Qué puedes ver?

Puedes aprender sobre animales del pasado.

COLABORAR Dibuja lo que puedes ver en cada museo.

Instrucciones Comente el modelo de investigación con los estudiantes. Diga: Pueden recopilar, u obtener, información sobre museos de arte e historia buscando en los libros. Pida a los estudiantes que recopilen información de una variedad de libros sobre museos de arte e historia. Pídales que dibujen notas sobre lo que pueden ver en cada tipo de museo.

COLABORAR Y COMENTAR  **PROYECTO DE INDAGACIÓN**

Dar tu opinión

INVESTIGACIÓN

Puedes dibujar y escribir para dar tu opinión.

 Encierra en un círculo el museo que más te guste.

 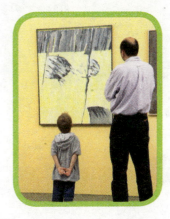

 Dibuja.

Instrucciones Recuerde a los estudiantes que una opinión es lo que piensan o sienten acerca de un tema. Lea en voz alta la información y pida a los estudiantes que encierren en un círculo la imagen que muestra el tipo de museo que preferirían visitar. Luego, pídales que hagan un dibujo para mostrar lo que aprendieron sobre el museo que eligieron. Invite a voluntarios a decir por qué les gustó.

CELEBRAR Y REFLEXIONAR

Presentar

Sigue las reglas para hablar y escuchar.

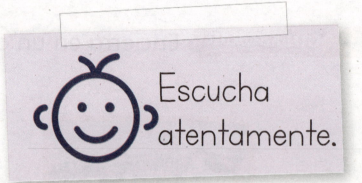

Reflexionar

 Encierra en un (círculo).

¿Trabajé bien con los demás?

¿Me gustó mi proyecto?

Instrucciones Diga: **Pueden presentar su proyecto de diferentes maneras. Pueden mostrar su escritura, hablar sobre su proyecto y mostrar dibujos.** Diga a los estudiantes que elijan un modo de entrega apropiado para presentar su proyecto. Luego, pídales que reflexionen sobre su proyecto al responder a las preguntas.

Reflexionar sobre tus lecturas

 Escribe.

Pienso que

Reflexionar sobre tu escritura

 Escribe.

Mi escritura favorita

es

INSTRUCCIÓN PARA EL GLOSARIO ILUSTRADO

Cómo usar un glosario ilustrado

Esta es una imagen de la palabra.

escuela

Esta es la palabra que estás aprendiendo.

 Dibuja.

Instrucciones Diga: Un glosario ilustrado sirve para buscar palabras. Las palabras están agrupadas por temas. El tema de este glosario ilustrado es **lugares**. Escuchen mientras leo las palabras. Las imágenes servirán de ayuda para comprender los significados de las palabras. Pida a los estudiantes que busquen la palabra *granja* en el glosario ilustrado y que hagan un dibujo.

GLOSARIO ILUSTRADO

Lugares

área de juegos

granja

ciudad

casa

tienda

INSTRUCCIÓN PARA EL GLOSARIO

Cómo usar un glosario

La palabra aparece en una letra más oscura.

Cc

círculo Un **círculo** es una línea perfectamente redonda.

Todas las palabras que comienzan con la letra C estarán después de Cc.

Esta oración te ayudará a comprender el significado de la palabra.

 Dibuja.

Instrucciones Diga: Un glosario sirve para buscar el significado de las palabras que no conocen. Las palabras en un glosario están en orden alfabético, o en orden ABC. Pida a los estudiantes que encuentren la palabra *materiales* y hagan un dibujo de la palabra.

Bb

biblioteca Una **biblioteca** es un lugar donde se guardan libros y otras cosas que pueden prestarse a las personas.

bibliotecario Una **bibliotecaria** es una persona que ayuda en la biblioteca.

Cc

círculo Un **círculo** es una línea perfectamente redonda.

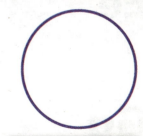

computadora Las **computadoras** son máquinas electrónicas que trabajan con información.

GLOSARIO

cuadrado Un **cuadrado** es una figura de cuatro lados iguales.

cubo Un **cubo** es un objeto sólido que tiene seis caras cuadradas.

Dd

desempacar **Desempacar** es sacar las cosas de una caja o maleta.

Ee

especial Cuando algo es **especial**, es muy importante.

Gg

gatear **Gatear** es moverse agachado usando las manos y las rodillas.

Ll

lápiz Los **lápices** son utensilios con punta que se usan para escribir o dibujar.

Mm

mapa Un **mapa** es un dibujo que muestra dónde están ubicadas las cosas.

marcador Los **marcadores** son utensilios con tinta de colores que se usan para escribir y dibujar.

material Los **materiales** son objetos y utensilios que usan las personas para hacer un trabajo o una actividad.

GLOSARIO

mudarse Cuando te **mudas**, cambias de casa.

Oo

ojear **Ojear** es mirar rápidamente a alguien o a algo.

Pp

película Una **película** es un cuento que se cuenta con imágenes en movimiento.

perseguir Cuando **persigues** algo, corres detrás de eso para alcanzarlo.

pincel Los **pinceles** son utensilios para pintar.

Rr

resbalar **Resbalar** es perder el equilibrio y deslizarse.

Ss

sacar Cuando **sacas** algo, lo pones afuera de donde estaba.

salir **Salir** es moverse de adentro hacia afuera.

seguir Cuando alguien **sigue** algo, va detrás de ese algo.

Tt

tierra La **tierra** es la parte sólida de la superficie del planeta.

triángulo Un **triángulo** es una figura que tiene tres lados y tres esquinas.

RECONOCIMIENTOS

Fotografías

Photo locators denoted as follows Top (T), Center (C), Bottom (B), Left (L), Right (R), Background (Bkgd)

1 Pearson Education; 4 Suzanne Tucker/Shutterstock; 6 Tyler Olson/Shutterstock; 7 Soleg/iStock/Getty Images Plus/Getty Images; 8 (Bkgrd) Suzanne Tucker/Shutterstock, (BL) Dmitry Bruskov/Shutterstock; 9 (C) Tyler Olson/Shutterstock, (B) Soleg/iStock/Getty Images Plus/Getty Images; 13 Chuyuss/Shutterstock; 14 (BL) Sean Locke Photography/Shutterstock, (C) Macrovector/Shutterstock, (CL) Sean Locke Photography/Shutterstock, (T) Aphelleon/Shutterstock, (TR) Alex Mit/Shutterstock; 15 (BR) Monkey Business Images/Shutterstock, (TL) Sergeydv/123RF; 16 (BCR) Triff/Shutterstock, (BCL) Eric Isselee/Shutterstock, (BL) Ifong/123RF, (BR) Sergio Kotrikadze/Shutterstock, (TCL) Lisa A. Svara/Shutterstock, (TCR) Glass and Nature/Shutterstock, (TR) Eric Isselee/Shutterstock; 17 (BL) MaraZe/Shutterstock, (BR) Kelenart/Shutterstock, (C) Santi S/Shutterstock, (CR) Mirek Kijewski/Shutterstock, (TL) Bola_BR/Shutterstock, (TR) Anat Chant/Shutterstock; 18 (BL) Stockagogo,Craig Barhorst/Shutterstock, (TCL) Ansis Klucis/Shutterstock, (TL) MaraZe/Shutterstock; 19 (BCL) Ashot Arami Tumanyan/Shutterstock, (BCR) Giovanni Benintende/Shutterstock, (BL) Samokhin/Shutterstock, (BR) Vtupinamba/123RF, (CCL) Bluehand/Shutterstock, (CCR) Carolina K. Smith MD/Shutterstock, (CR) Kletr/Shutterstock, (TCL) Vencavolrab78/Shutterstock, (TCR) Africa Studio/Shutterstock, (TL) Josef Hanus/Shutterstock, (TR) Richard Peterson/Shutterstock; 20 (BC) Stockagogo,Craig Barhorst/Shutterstock, (BL) Oleksandr Kostiuchenko/Shutterstock, (BR) Chawalit Chanpaiboon/Shutterstock, (C) Monkey Business Images/Shutterstock, (CL) Africa Studio/Shutterstock, (TC) Eric Isselee/Shutterstock, (TL) Nataliia K/Shutterstock, (TR) Sam iSam Miller/Shutterstock; 21 Dny3d/Shutterstock; 22 (BC) Adisa/Shutterstock, (BR) 3DMI/Shutterstock, (TL) Keith Bell/Shutterstock, (TR) Scanrail1/Shutterstock, (BL) Danny Smythe/Shutterstock, (TC) Hong Vo/Shutterstock; 26 (BC) Sam iSam Miller/Shutterstock, (BL) Nataliia K/Shutterstock, (BR) Greenland/Shutterstock, (TC) Dny3d/Shutterstock, (TL) MaraZe/Shutterstock, (TR) Zavodskov Anatoliy Nikolaevich/Shutterstock; 27 (BCR) Alexey Kljatov/Shutterstock, (TL) Timquo/Shutterstock, (TR) Lara Cold/Shutterstock, (TCR) Hintau Aliaksei/Shutterstock; 30 Pearson Education, Inc.; 45 (B) Vitalii Hulai/Shutterstock, (T) Christian Mueller/Shutterstock; 46 (BC) Triff/Shutterstock, (BL) Deep OV/Shutterstock, (BR) Nick Biebach/123RF, (TC) Eric Isselee/Shutterstock, (TL) Roblan/123RF, (TR) 123RF; 48 (L) 123RF, (R) Lisa A. Svara/Shutterstock; 50 (BCR) Rob Marmion/Shutterstock, (BR) Wavebreakmedia/Shutterstock, (TCR) Monkey Business Images/Shutterstock, (TR) Racorn/Shutterstock; 54 (BCL) Kucher Serhii/Shutterstock, (BCR) Dny3d/Shutterstock, (BL) Adstock/Shutterstock, (TCL) EpicStockMedia/Shutterstock, (TR) Solphoto/Shutterstock, (BR) E. O./Shutterstock; 55 (CR) Boleslaw Kubica/Shutterstock, (CL) Eric Isselee/Shutterstock, (BL) Shtennikova Evgenia/Shutterstock, (BR) Tory Kallman/Shutterstock, (TL) Simone Voigt/Shutterstock, (TR) Eric Isselee/Shutterstock; 56 (BL) Joppo/Shutterstock, (CL) Rawpixel/Shutterstock, (TL) 123RF; 57 (TR) Toey Toey/Shutterstock, (BCR) PhotoJS/Shutterstock, (BL) Michel Cecconi/Shutterstock, (BR) Richard Peterson/Shutterstock, (TCL) Adisa/Shutterstock, (TCR) 3DMAVR/Shutterstock, (TL) Tratong/Shutterstock; 58 (TC) Rob Marmion/Shutterstock, (BL) Pablo Scapinachis/Shutterstock, (BC) Phant/Shutterstock, (BR) PhotoJS/Shutterstock, (C) Zhengzaishuru/Shutterstock, (CL) Mike V. Shuman/Shutterstock, (TR) Laura Stone/Shutterstock; 60 (B) ESB Professional/Shutterstock, (T) Ruzanna/Shutterstock; 64 (BC) Michel Cecconi/Shutterstock, (BL) Serghei Starus/Shutterstock, (BR) ESB Professional/Shutterstock, (TC) 123rf, (TL) Ross Gordon Henry/Shutterstock, (TR) Eric Isselee/Shutterstock; 68 Pearson Education, Inc.; 83 Monkey Business Images/Shutterstock; 84 (BL) Kiri11/Shutterstock, (BR) LorenzoArcobasso/Shutterstock, (TL) Alex Staroseltsev/Shutterstock, (TR) StudioVin/Shutterstock; 86 (BR) TinnaPong/Shutterstock, (TC) Irin-k/Shutterstock, (TR) HelloRF Zcool/Shutterstock; 90 (Bkgrd) Hikrcn/123RF, (BL) Jan Miko/Shutterstock, (BR) Sam74100/123RF, (TR) Wollertz/Shutterstock; 91 (CR) Ian Dagnall/Alamy Stock Photo, (TL) Juice Images/Alamy Stock Photo; 92 (TCR) Steshkin Yevgeniy/Shutterstock, (TR) America365/Shutterstock, (BCL) SocoXbreed/Shutterstock, (BCR) Dny3d/Shutterstock, (BR) NASA images/Shutterstock, (TCL) Violetkaipa/123RF, (TL) Fotomaster/Fotolia; 93 (BC) 123RF, (BL) Ijansempoi/Shutterstock, (BR) 3DMI/Shutterstock, (TC) Africa Studio/Shutterstock, (TL) Eric Isselee/Shutterstock, (TR) Bokeh Blur Background Subject/Shutterstock; 94 (TL) Violetkaipa/123RF, (BL) 3DMI/Shutterstock, (CL) Oleksandr Kostiuchenko/Shutterstock; 95 (TCR) Seamind224/Shutterstock, (BCR) Jacek Fulawka/Shutterstock, (BL) Horiyan/Shutterstock, (BR) Chrupka/Shutterstock, (TC) Dionisvera/123RF, (TCR) SocoXbreed/Shutterstock, (TL) Joana Lopes/Shutterstock, (TR) Artphotoclub/Shutterstock; 96 (BC) Ijansempoi/Shutterstock, (C) Rawpixel/Shutterstock, (BL) Daniel Fung/Shutterstock, (BR) Bogdan Florea/Shutterstock, (CL) Kyselova Inna/Shutterstock, (CR) Adisa/Shutterstock, (TC) Tatiana Popova/Shutterstock, (TR) MaraZe/Shutterstock; 98 (B) Joana Lopes/Shutterstock, (C) Serg64/Shutterstock, (T) Artphotoclub/Shutterstock; 103 (T) Eric Isselee/Shutterstock, (C) Andersphoto/Shutterstock; 106 (B) Pearson Education, Inc., (TCL) Tyler Olson/Shutterstock, (TCR) Hongqi Zhang/123RF, (TL) Megapress/Alamy Stock Photo, (TR) Raygun/Cultura/Getty Images; 107 (Bkgrd) Shalom Ormsby/Blend Images/Getty Images, (TR) Cienpies Design/Shutterstock; 108

Guerilla/Getty Images; **109** Megapress/Alamy Stock Photo; **110** Hongqi Zhang/123RF; **111** Raygun/Cultura/Getty Images; **112** Wavebreakmedia/iStock/Getty Images Plus/Getty Images; **113** Wavebreak Media Ltd/123RF; **114** Tyler Olson/Shutterstock; **115** Monkey Business Images/Shutterstock; **116** (BCR) Megapress/Alamy Stock Photo, (BR) Raygun/Cultura/Getty Images, (TCR) Tyler Olson/Shutterstock, (TR) Hongqi Zhang/123RF; **121** HelloRF Zcool/Shutterstock; **124** (BCR) Ayzek/Shutterstock, (BR) An Nguyen/Shutterstock, (TC) Eric Isselee/Shutterstock, (TL) Lisa A. Svara/Shutterstock; **128** (Bkgrd) Siriwat Wongchana/Shutterstock, (BL) Orhancam/123RF, (BR) Matt Jeppson/Shutterstock, (TC) Goodluz/Shutterstock; **130** (TL) Maks Narodenko/Shutterstock, (BC) DenisNata/Shutterstock, (BL) Photo one/Shutterstock, (TC) MNagicoven/Shutterstock, (TR) Demidoff/Shutterstock; **131** (BR) Svetlana Foote/Shutterstock, (BCR) Africa Studio/Shutterstock, (BL) Pakowacz/Shutterstock, (TCL) Le Do/Shutterstock, (TCR) Nick Biebach/123RF, (TL) Alex Staroseltsev/Shutterstock, (TR) Quang Ho/Shutterstock; **132** (TC) Italianestro/Shutterstock, (BC) Seaphotoart/Shutterstock, (BL) Eric Isselee/Shutterstock, (BR) ConstantinosZ/Shutterstsock, (C) Everything/Shutterstock, (CL) Tomislav Pinter/Shutterstock, (TL) Josefauer/Shutterstock, (TR) 123RF; **133** (BCR) Triff/Shutterstock, (TL) Carolina K. Smith MD/Shutterstock, (BCL) Elena Schweitzer/Shutterstock, (BL) Alina Cardiae Photography/Shutterstock, (BR) Nitr/Shutterstock, (TCL) Nattika/Shutterstock; **134** (CR) Kletr/Shutterstock, (BC) Stockagogo,Craig Barhorst/Shutterstock, (BL) Vitaly Korovin/Shutterstock, (BR) Alina Cardiae Photography/Shutterstock, (C) Irina d'elena/Shutterstock, (CL) 123rf, (CR) Kletr/Shutterstock, (TL) Terra King/Shutterstock; **136** (TCL) Irina d'elena/Shutterstock, (TCR) Vitaly Korovin/Shutterstock, (TL) Anat Chant/Shutterstock, (TR) Tomislav Pinter/Shutterstock; **141** (BCR) Glass and Nature/Shutterstock, (BR) DenisNata/Shutterstock, (TCR) Pakowacz/Shutterstock, (TR) Demidoff/Shutterstock; **144** Pearson Education, Inc.; **156** (L) Vladimir Nenezi/Shutterstock, (R) Tracey Helmboldt/Shutterstock; **160** (BC) Thaiview/Shutterstock, (BL) Yellow Cat/Shutterstock, (BR) Amalia19/Shutterstock, (C) Angelo Gilardelli/Shutterstock, (CL) 123RF, (CR) Samokhin/Shutterstock, (TL) Ximagination/123RF, (TR) Nerthuz/Shutterstock; **162** (BC) Urbanlight/Shutterstock, (BL) Gorillaimages/Shutterstock, (TCR) Tomo/Shutterstock, (TR) LehaKoK/Shutterstock; **168** (BR) Room27/Shutterstock, (BL) Wk1003mike/Shutterstock, (BC) Iofoto/Shutterstock, (TC) Africa Studio/Shutterstock, (TL) Jacques Durocher/Shutterstock, (TR) Africa Studio/Shutterstock; **169** (BCL) Dny3d/Shutterstock, (BL) Africa Studio/Shutterstock, (TCL) Horiyan/Shutterstock, (TL) NANTa SamRan/Shutterstock; **170** (BR) Triff/Shutterstock, (CR) Alina Cardiae Photography/Shutterstock, (TR) Area381/Shutterstock; **171** (BR) Tsekhmister/Shutterstock, (TCR) Michaeljung/Shutterstock, (TR) Sergey Skleznev/Shutterstock, (TL) Gleb Semenjuk/Shutterstock, (BCL) Le Do/Shutterstock, (BCR) Monkey Business Images/Shutterstock, (BL) Svetlana Foote/Shutterstock, (TCL) Alex Staroseltsev/Shutterstock; **172** (BL) 123RF, (BR) Triff/Shutterstock, (CL) Blend Images/Shutterstock, (TC) Winston Link/Shutterstock, (TL) Svetlana Foote/Shutterstock; **174** (BL) Zurijeta/Shutterstock, (B) Progressman/Shutterstock, (TL) Svetlana Foote/Shutterstock; **179** (C) Africa Studio/Shutterstock, (TR) Wavebreakmedia/Shutterstock, (CR) Zurijeta/Shutterstock, (BC) Pressmaster/Shutterstock; **182** (B) Pearson Education, Inc., (TCL) Flotsam/Shutterstock, (TCR) Gennadiy Poznyakov/123RF, (TL) Poznyakov/Shutterstock, (TR) ThalineeIm/Shutterstock; **183** (Bkgrd) David M. Schrader/Shutterstock, (C) Soleg/iStock/Getty Images Plus/Getty Images; **184** Poznyakov/Shutterstock; **185** (BR) JackF/iStock/Getty Images Plus/Getty Images, (CL) PeopleImages/E+/Getty Images, (TR) Mediaphotos/iStock/Getty Images Plus/Getty Images; **186** Flotsam/Shutterstock; **187** ThalineeIm/Shutterstock; **188** Jannoon028/Shutterstock; **189** Gennadiy Poznyakov/123RF; **190** George Rudy/Shutterstock; **191** Bernard Bodo/123RF; **192** (BL) Poznyakov/Shutterstock, (BR) Flotsam/Shutterstock, (TL) ThalineeIm/Shutterstock, (TR) Gennadiy Poznyakov/123RF; **194** (BC) Bernard Bodo/123RF, (BL) ThalineeIm/Shutterstock, (BR) Poznyakov/Shutterstock; **198** (BL) Le Do/Shutterstock, (BR) Juthamat98/Shutterstock, (T) Steshkin Yevgeniy/Shutterstock, (TL) Bogdan Florea/Shutterstock, (TR) Yavuzunlu/Shutterstock; **199** (CL) Bernard Bodo/123RF, (CR) George Rudy/Shutterstock; **204** Shalom Ormsby/Blend Images/Getty Images; **206** (TCL) Martan/Shutterstock, (TCR) Kosmos111/Shutterstock, (TR) Coleman Yuen/Pearson Education Asia Ltd, (TL) Galyna Andrushko/Shutterstock; **208** (TCL) Rudmer Zwerver/Shutterstock, (TCR) Rawpixel/Shutterstock, (TR) Nick Biebach/123RF; **212** (BL) Picture Partners/Alamy Stock Photo, (BR) Incamerastock/Alamy Stock Photo, (TL) LOOK Die Bildagentur der Fotografen GmbH/Alamy Stock Photo; **215** Wavebreak Media Ltd/123RF; **216** Viktor Schnur/Alamy Stock Photo; **217** (L) LOOK Die Bildagentur der Fotografen GmbH/Alamy Stock Photo, (R) Picture Partners/Alamy Stock Photo; **223** (B) Zhang/123RF, (T) Wavebreakmedia/iStock/Getty Images Plus/Getty Images, (C) Megapress/Alamy Stock Photo; **225** (C) Pakowacz/Shutterstock, (B) Shutterstock, (T) Flotsam/Shutterstock; **226** Gennadiy Poznyakov/123RF.

Ilustraciones

21, 23–25 Bob Barner; **12** Jenny B. Harris; **173, 175–177** Valeria Cis; **51, 67, 87, 105, 143, 181** Tim Johnson; **31–39, 42** Kevin Zimmer; **59, 61–63, 65** Hector Borlasca; **97, 99–103** Mona Daly; **135, 137–139** John Joven; **207, 209–211** Laura Ovresat; **297** Nomar Perez; **66, 102–103, 142** Laura Zarrin; **69–77** Jaime Kim; **129** Nick Diggory; **145–153, 158** Josée Masse; **166–167** André Jolicoeur; **29, 67, 105, 143, 181, 214, 216** Ken Bowser.

NOTAS

Copyright © SAVVAS Learning Company LLC. All Rights Reserved.

NOTAS

Copyright © SAVVAS Learning Company LLC. All Rights Reserved.

NOTAS

Copyright © SAVVAS Learning Company LLC. All Rights Reserved.

NOTAS

Copyright © SAVVAS Learning Company LLC. All Rights Reserved.

NOTAS

Copyright © SAVVAS Learning Company LLC. All Rights Reserved.

NOTAS